전라선

전라선

김지연 사진 산문

열화당

책머리에

모든 사물에는 그들에게만 묻어 있는 공기가 있다.
그중에서도 사람에게서 나는 향기는
더 각별히 우리 곁에 오래 머문다.
내가 만났던 사물과 사람 들의 이야기를 적어 나갔다.
아득하다가도 가까이 다가서는 인연들.
때로는 못 본 척하고 싶은 것들도 있었지만
대부분이 내 삶에 의지가 되고 용기를 주었던 것들이다.
이들에게 살구꽃이나 딸기 향은 남아 있지 않다.
이미 나도 그런 시기를 지났으니.
그러나 여기에는 누룩과 곶감, 묵은 김치와 보리굴비 같은
오랜 풍파를 거쳐 온 시간의 냄새가 있다.
썩지 않은 삶의 냄새는 그들만의 고유한 향기다.
사소한 눈짓에 지나지 않을 수도 있는 나의 사진과 글을
지나가는 시간 속으로 조심스럽게 밀어 넣어 본다.

2019년 5월

김지연

2

1

도트무늬 양산

진달래꽃이 피는 봄이 오면 '연분홍 치마가 봄바람에 휘날리더라'라는 노랫가락을 흥얼거리던 어머니의 젊은 날이 떠오른다. 1950년대 백설희가 불렀던 간드러지고 애절한 노래 「봄날은 간다」는 그 후 같은 제목으로 영화로도 만들어지고 여러 번 편곡되어 시대와 관계없이 유행이 되었다.

이른 봄, 박 선생은 따뜻한 남해 쪽으로 집을 지어 이사를 간다고 인사차 찾아왔다. "바다가 내려다보이는 언덕에 땅을 사서 집을 짓고 있어요." 나는 뜻밖이어서 그이의 얼굴을 바라보았다. 박 선생은 칠십이 가까운 나이지만 아직 기운차 보이고 활달한 성격이었다. 한때 소설을 쓰기도 했고, 그림도 그리고 여러 방면에 재능이 있다. 더구나 목수인 남편은 더 기운이 팔팔하니 남쪽 바다가 보이는 곳에 새 터전을 마련한다는 것이 무리가 아닐지 모르겠다. 그렇지만 나 같으면 이 나이에 객지에 가서 새 터를 마련한다는 것은 엄두도 못 낼 일이었다. 비록 바다가 내려다보이는 남녘땅이라 하더라도.

'놓다, 보다' 연작. 전북 전주. 2014.

박 선생은 "이 노래 한 번 들어 보려오?" 하면서 휴대폰을 꺼내서 녹음된 음악을 들려주었다. "열아홉 시절은 황혼 속에 슬퍼지더라." 젊은 여자의 노랫소리는 느리고 구슬펐다.

"오늘도 앙가슴 두드리며 뜬구름 흘러가는 신작로 길에 / 새가 날면 따라 웃고 새가 울면 따라 울던 / 얄궂은 그 노래에 봄날은 간다."

내가 가만히 있자 "이 노래 좋지 않아요? 내가 아는 여자가 부른…" 하면서 박 선생이 혼잣말처럼 중얼거렸다. 무엇이 좋다는 말인지 알 수 없었다. 노래가 좋다는 것인지, 노래 부르는 사람이 좋다는 것인지. "이 노래를 들으려고 아침에 구례까지 달려갔다 왔어요." 이 아리송한 말은 마치, 그래서 남해까지 내려가 바다를 보며 살게 된 이유를 설명하는 듯했다.

내 어머니는 도트무늬 양산을 쓰고 친정집에 가면서도 '연분홍 치마'를 흥얼거렸다. 읍네 양재 학원에 다니는 이웃집 영숙이 고모한테 며칠을 배운 것이다. 나는 어머니가 '연분홍 치마'를 부르는 게 창피했다. 별다른 이유는 없었다. 캄캄한 밤길을 할아버지와 함께 걷다가 할아버지가 갑자기 "아서라 세상사 쓸데없다…" 단가를 목청껏 부를 때와 같은 심정이랄까. 어린 마음에 '깜깜한 적막'을 깨트리는 것이 무섭고 싫었다. 나는 그냥 숨소리도 죽이며 걸었다. 이유는 알 수 없지만 늙은 어머니는 더 이상 「봄날은 간다」를 부르지 않았다.

박 선생은 유채꽃이 필 때 남해로 이사를 갔다.

전북 전주. 2018.

건지산 가는 길

서울 전시를 하면서 운이 좋게도 부암동에 있는 빈집에서 숙박할 수 있었다. 서울에서 그것도 부암동에서 남의 집 전체를 자유롭게 사용할 수 있게 된 것은 순전히 광자 씨의 배려 때문이었다. 전세 입주자가 입주를 며칠 늦춰야 하는 사정이 생겨 내가 덕을 본 셈이다. 잠을 잔다는 것은 하룻밤을 자더라도 인연이 있어야 했다. 하룻밤을 잔다는 것은 그곳에 마음을 누이고 오는 일이었기에.

아침에 광자 씨가 차를 가지고 나를 데리러 왔다. '데리러' 오지 않았으면 그 산등성이에서 혼자 걸어서 내려가기가 쉽지 않았을 것이다. 광자 씨는 집 근처의 '백사실계곡'으로 나를 안내했다. 백사(白沙) 이항복의 별장 터가 있어서 붙은 이름이라고 전해진다. 숲길은 안온하고 조곤조곤하고 품위가 있었다. 크지도 작지도 않은 소나무가 적절히 간격을 유지하고 있었다. 낮은 돌계단 아래로 소곤대며 흐르는 실개천에는 도롱뇽, 버들치 등이 산다고 했다. 돌다리 아래서 고물고물 움직이는 물고기를 보고 나중에 합류한 미경 씨가 '송사리'라고 말하자 산 지킴이 아저씨가 '버들치'라고 정정해 주었다. 그러고 보니 물속에서 버들잎처럼 살랑거린다. 숲 가운데 볕이 쏟아져 들어오는 곳으로 별장 터가 나타났다. 조선시대의 절터나 양반들의 별장 터를 바라보다 보면 풍수지리를 모르는 나 같은 사람에게도 참 '절묘'하다는 감탄사가 저절로 새어 나왔다.

서울 전시를 마치고 전주로 내려와서 평소처럼 건지산 산책을 나섰다. 아파트를 걸어 나와 산길로 들어서는데 가을 풀벌레 소리 속에서 간간이 개 짖는 소리, 낮닭 울음소리가 들렸다. 황톳길 주변으로 나무들은 크고 작고 들쑥날쑥하게 자리잡아서 마치 시골길을 걷는 기분이었다. 인근 복숭아밭에서는 소독차의 굉음이 들리고, 원두막에서는 라디오를 크게 틀어 놓아 음악프로그램 진행자가 누군가의 사연을 읽어 주는 목소리가 들려왔다.

서울의 부암동 숲이 손질이 잘된 비단옷 같은 느낌이었다면 전주의 건지산 길은 무명이나 삼베 옷 같았다. 마치 고급 레스토랑에서 값비싼 음식을 먹고 돌아온 여행자가 집 밥상에 앉아 있는 기분이랄까. 산책길에는 배롱나무꽃이 만발하고 어느 작은 집 울타리에는 비에 젖은 나팔꽃이 선연했다. 홍싸리꽃은 주책없이 붉고 탱자는 누렇게 익어 가고 있었다. 어느덧 어제의 산책길은 머릿속에서 사라지고 나는 건지산의 정취에 이끌려 발걸음이 가벼워지고 있었다.

꽃이라 부를게

이제는 전설처럼 들리는 섣달그믐에는 눈이 내리고, 멀리서 개 짖는 소리가 들려왔다. 아이들은 장롱 속에 감춰 둔 설빔으로 설날 아침이 어서 오기를 기다리는, 설레고 긴장되는 유난히 추운 날이었다. 한 해를 마무리하고 새해를 맞이하는 뚜렷한 선은 희미해지고, 이제 설 명절은 젊은이들에게 의미조차 없는 일이 되어 버렸다. 노인들은 그래도 자주 옛날이야기를 한다. 그러는 동안에 그들은 삶의 현장 속에서 사라져 가고 있다.

우리 아파트 쓰레기장은 설에 들어온 선물 포장 상자가 산더미를 이루고 있었다. 낡은 하얀 일 톤 트럭을 몰고 쓰레기를 치우러 다니는 할머니는 그 속에서 분주히 손을 움직이고 있었다. 일손이 많은 날은 할아버지 한 분과 같이 나온다. 두 분이 부부인지 아닌지는 모르겠다. 두 분의 대화를 들어 본 적은 없었다.

지난봄이었다. 쓰레기를 버리러 갔는데 말끔히 정리된 쓰레

'버려진 일상' 연작. 전북 전주. 2015.

기통 위에 조화가 놓여 있었다. 조화는 요즘 보기 드물게 쌕쌕한 빛깔에 조악한 디자인을 해서 더욱 눈에 띄었다. "이걸 왜 올려 두셨어요?" "꽃을 버리기가 아까워서라. 이렇게 놔두면 누가 가져갈지도 몰라서." 나는 좀 놀랐다. 이것을 꽃이라고 더욱이 버리기가 아까울 만한 꽃이라고 할 수 있을까. "누가 가져가는 사람이 있나요?" "신발이나 장난감이나 꽃이나 좀 쓸 만한 것이다 싶어서 이렇게 올려 두면 가끔 가져간 사람도 있어라." 나는 그제야 할머니 얼굴을 찬찬히 들여다보았다. 편안하고 고운 모습이 숨어 있었다.

그분들은 한참을 일하다가 쓰레기 더미에 앉아서 때 묻은 손으로 빵을 먹고 있었다. "오늘도 일을 나오셨어요?" 나는 인사를 했다. "예, 오전만 하니까요." 할머니는 밝게 대답했다. "오늘이 선달그믐인데…." "그래도 설날은 쉬어라." 편안한 답변이 돌아왔다.

나는 집에 들어가서 따뜻한 차와 전 부친 것을 한 접시 가져다드리고 건지산 산책을 나섰다.

"아이고, 참 부지런하기도 하셔라." 등 뒤에서 들리는 그이의 말을 들으며 나는 참 몸 둘 바가 없었다.

언제부턴가 쓰레기차의 색깔이 바뀌고 오십대의 건장한 남자가 쓰레기 수거를 다니는 모습이 눈에 띄었다.

'놓다, 보다' 연작. 전북 전주. 2016.

수녀님 방에 창문 하나 달아 주세요

어느 볕 좋은 가을날 오후 수녀님 두 분이 서학동사진관 대문 밖에서 서성거리고 있었다. 내가 밖으로 나가자 오륙십쯤 되어 보이는 수녀님 두 분이 수줍은 미소를 띠고 서서 문밖에 적힌 입장료 이천 원 팻말과 나를 번갈아 쳐다보았다. 그 미소가 하도 소녀 같아서 나도 덩달아 웃었다. “들어오시죠.” “그냥… 들어가도 될까요?” 나이가 좀 더 젊어 보이는 수녀님이 먼저 따라 들어오며 명랑하게 말했다. “그럼요. 입장료는 폼으로 달아 놓은 거예요. 내주면 좋고, 입장료 안 내도 구경 잘하시면 그것도 좋고….” 그러자 수녀님들이 까르르 웃었다.

우리는 그렇게 만나서 가을 석양볕이 서쪽 유리창을 통해 들어와서 발아래로 기울 때까지 수다를 떨고 놀았다. 오십 줄 수녀님 이름은 미카엘, 육십 줄의 점잖고 수줍음을 많이 타는 수녀님은 로사라고 했다. 수녀님들은 사진을 좋아하고 특히 내가 쓴 사진책의 글들을 좋아했다. 그중에서도 『놓다, 보다』의 글을 좋아하기에 미카엘 수녀님에게 주었다. 로사 수녀님은 『감자꽃』 글도 좋다고 해서 주었다. 나중에 서로 바꿔서 읽어 보라고 했다. 나는 종교가 없는 사람이기에 어느 종교든 편견이 없는 쪽이다. 그런데 주책없이 수녀님을 "스님, 스님" 하면서 부르고 있는 것이 아닌가. 그것으로 또 십대 소녀들처럼 까르르 웃고 떠들었다. 수녀님들은 근처 성당에 계신다고 했다. 가까우니 또 볼 수 있겠지 생각했다. 수녀님들이 돌아가고 나서 시간이 지나자 또 까맣게 잊었다. 나는 사람을 잘 잊는다. 마치 잊어야 사는 사람처럼 너무 쉽게 잊어버린다.

다음 해 봄날 미카엘 수녀님은 쑥떡을 먹다가 갑자기 생각이 났다며 혼자서 불쑥 찾아왔다. 요 며칠 날이 좋아 산으로 들로 나가서 쑥을 뜯어 직접 만들어 왔다고 했다. 로사 수녀님과 같이 안 왔냐고 했더니 그분은 교육 중으로 바쁘다고 했다. 미카엘 수녀님은 아침에 휴대폰으로 찍은 수많은 사진들을 내게 보여 주었다. 구름과 꽃과 나비… '아름다운 것'들을 보는 대로 다 찍었고 그것을 보여 주면서 기분이 들떠 있었다. 일하다가도 걷다가도 아름다운 것을 보면 찍는단다. 전날은 미사 중 풍금을 치다가 언뜻 창밖으로 지는 석양의 구름을 보고 풍금을 빨리 끝내고 밖으로 나가서 사진을 찍고 싶어서 혼났다고 고백을 하며 까르르 웃었다.

여름에 계남정미소에서 「도마」전을 하는데 미카엘 수녀님 생각이 났다. 오시라고 연락을 했더니 가고 싶은데 차가 없어서 못 온다고 안타까워했다. 그 다음번 「심심파적」 전시에는 마음먹고 수녀님을 모시고 계남정미소에 가서 구경을 시켜드리기로 작정을 했다. 진안까지 가는 동안 길목이며 나무들, 산등성이, 개울물, 풀 한 포기에도 다정한 눈길을 주며 감탄사를 아끼지 않았다. 마침 전시가 예쁜 꽃들로 수놓은 천들로 설치가 되어서 수녀님은 더욱 소녀처럼 까르륵거리며 좋아했다. 돌아오는 길에, 자기 처소로 언젠가 나를 한번 초대하고 싶다고 했다. 밥을 한번 해 먹이고 싶다는 뜻 같았다. 요리에 자신이 있냐고 했더니 수줍게 웃다가 이내 좀 시무룩해졌다. "요리를 좋아해요. 그런데 방에 창문이 없어서 낮에도 어두워요." 나는 이 느닷없는 이야기에 당황했다. "지하실에 사세요? 그곳이 수녀님 거처세요?" "네, 방이 반지하만 되어도 작은 창문이라도 있겠죠? …창이 하나 있으면 좋겠어요." 그러면서 또 쓸쓸히 웃었다. 나는 할 말을 잃었다. 이 들풀 같은 수녀님에게 창문이 없는 방에서의 생활이라니. "아, 어떡하나요? 수녀님, 하느님께 창문 하나 달라고 해 보세요." 미카엘 수녀님은 깔깔대며 웃었다. "그래도 방 밖으로만 나오면 세상천지가 이렇게 밝아서 좋아요."

'남광주역' 연작. 광주. 1999.

남광주역

사진을 시작하고 나의 맨 처음 작업은 사실 '정미소'가 아니라 '남광주역'이었다. 오일팔의 성지라고 할 수 있는 광주 도청이 철거되기 전해에 「아시아의 여인들」이란 기획전에 참가했던 '남광주역' 연작은 내가 처음으로 맘먹고 시작한 사진 작업이었다. 1999년 여름 한 지방신문에 2000년에 남광주역이 철거된다는 기사가 실린 것을 보고 충격 같은 것을 느꼈다. 오랜 시간을 거쳐 온 것들이 하루아침에 사라지는 것을 붙잡는 유일한 수단이 사진이라는 것을 처음으로 그때 깨달았는지도 모른다. 개인적으로는 남광주역 근처 학동에 둘째 이모가 살아서 어린 시절 종종 이종사촌들과 역사 앞마당에서 숨바꼭질을 하며 놀던 기억이 잊혀지지 않는 곳이기도 했다.

남광주역은 1930년 신광주역이라는 경전선 열차로 출발했는데 1938년 남광주역으로 이름이 바뀌고 담양, 화순을 거쳐 여수까지 운행을 했다. 지방 사람들의 발 노릇을 했지만 나중에는 주로 화순에서 무연탄을 나르는 일을 했다. 무연탄이 사양 산업이 되고 나서는 학생들 통학 열차로 명맥을 유지하는 듯싶었다. 그러다가 이제는 시내 한복판에서 걸리적거리는 존재가 된 것이다.

남광주역은 일찍부터 역사 앞 도깨비시장이 유명했다. 새벽 동트기 전부터 여덟시 반까지 열리는 도깨비시장에는 아침에 뽑은 싱싱한 채소와 과일과 반찬거리 들이 넘쳐났다. 장성, 화순, 남평에 사는 '아짐'과 '할매' 들은 집에서 가꾼 채소와 먹거리를, 멀리 여수, 벌교, 보성에서는 해물 보따리를 새벽 기차에 바리바리 싣고 들어왔다. 이들은 모두가 보따리를 이고 메고 남광주역으로 모여들었다.

전주에서 광주는 서둘러도 한 시간 반이 족히 걸린다. 그 당시에는 순창, 담양을 거친 이차선 국도로 다녔다. 새벽 공기를 가르고 담양의 메타세쿼이아 가로수 길을 달릴 때면 새벽잠 못 잔 것이 하나도 아깝지 않았다. 매일 새벽 세시에 일어나서 주섬주섬 옷을 챙겨 입고 나서는 나를 보고 남편은 '이 여편네가 바람이 났나?' 하고 의심을 했단다. 우리 남편은 해가 중천에 떠야 사진이 잘 찍히는 줄 아는 사람이다.

새벽 열차로 당도한 사람들이 각자 보따리를 풀고 앉으면 곧 장터가 되고 근처에서 식당을 경영하는 사람들이나 새벽잠 없는 부지런한 손님들이 달려와서 싱싱한 물건을 사 갔다. 그러고 나면 여덟시 반쯤 역 경비원이 호각을 불었다. 난장판이던 장터는 말끔히 정리가 되고 경비원이 싸리비로 역사 앞마당을 쓸어내면 아홉시가 된다. 그동안 '무슨 일이 벌어졌느냐'고 할 만큼 남광주역은 눈 깜박할 사이에 일상으로 돌아와 기차를 타는 사람들의 공간이 된다. 그래서 이 시장을 사람들은 '도깨비시장'이라고 불렀다. 그렇게 도깨비시장이 파하고 나면 빈 보따리를 챙겨 든 할머니들은 남광주역에서 기차를 타고 다시 집으로 되돌아갔다.

그날도 한 할머니가 장사를 마치고 돌아가는 길에 보따리를 내려놓고 먼 산을 바라다보며 담배를 피우는 모습이 인상적이었다. 할머니는 내가 사진을 찍자 멀끔히 쳐다보더니 호통을 쳤다. "호랭이나 물어 가 부러!" 이건 분명 욕이었지만 나는 웃음이 터져 나왔다. 남도 사람들은 욕을 참 걸판지게도 했다. 하는 사람도 듣는 사람도 욕의 겉을 따지지 않고 속마음을 헤아리는 것이 남도의 정서였다. 정말로 화가 나는지, 억울한지, 미운지 등을. 할머니를 태운 통일호 열차는 기적 소리를 내며 남광주역을 출발해서 멀어져 갔다.

'남광주역' 연작. 광주. 2000.

남광주역의 마지막 열차

그날은 겉으로는 평온해 보였다. 여느 때처럼 새벽 열차가 들어오고 할머니들은 보따리를 머리에 이고 양손에까지 들고 있어서 기차표를 입에다 물고 별다른 표정 없이 플랫폼을 밟았다. 나도 여느 때처럼 새벽 네시가 조금 넘어서 남광주역에 도착했다. 남광주역 근처에는 주차장이 없어서 좀 떨어진 빈터에 차를 주차시키고 한참을 걸어가야 했다. 그 길은 오래된 여인숙이 옹기종기 처마를 맞댄 골목길로 이어졌다. 새벽에 여자가 이 길을, 그것도 거의 매일 지나가노라니 좀 궁상맞기도 하고 남사스럽기도 했다. 예전에는 역 근처에 값싼 여인숙이 자리하고 그 여인숙에서는 몸을 파는 여자들이 있어 문란한 곳으로 생각되기도 했다. 지금은 인기척도 잠잠한 골목인데도 어쩐지 싸구려 비누 냄새와 떠돌이 인생의 한숨 소리가 배어 나올 것 같았다. 나는 걸음을 빨리해서 골목길을 빠져나왔다. 그리고 역으로 가서 플랫폼에 자리를 잡았다. 당시에는 필름카메라에 24밀리 단렌즈를 사용했는데 심도(深度)를 높이

'남광주역' 연작. 광주. 2000.

려고 삼각대를 설치했다. 그리고 무엇보다 나는 사진 입문생이었기에 마음의 여유가 없어 늘 긴장하고 있었다. 사람들이 보따리를 들고 정신없이 내리는 곳에서 매일 사진을 찍겠다고 앉아 있는 나를 역장은 몹시 못마땅해 했지만 두 명의 역무원들은 눈감아 주었다. 그리고 나는 늘 입장권을 사고 들어갔기에 역무원들이 역장의 핀잔을 막아 주었다. "돈 내고 들어오는데 어쩌겠어요. 얌전히 찍고 있으니 봐줍시다." "아, 그렇다고 날마다 똑같은 것을 왜 저리 찍어 댄다냐 참말로." 역장의 얼굴은 잔뜩 굳어 있었다.

그날은 2000년 8월 10일 남광주역에 열차가 마지막으로 운행되는 날이었다. 경전선의 일부분 즉 광주역에서 효천역 구간 사이에 낀 남광주역이 도시 중심에서 교통에 걸리적거리는 상황이 되어 없애기로 한 것이다. 역 분위기는 여느 날과 다름없었다. 역무원은 사무실 창구에서 표를 팔고 있었고, 벽에 붙은 낡은 선풍기는 아침부터 무기력하게 돌아갔다. 창에서 들어오는 아침 햇살은 역무원의 모자 위에 떨어지고 있었다. 벽에는 8월 일정표가 붙어 있고 10일 칸에 '열차운행 종료'라는 글씨가 눈에 들어왔다. 그날은 역장이 사무실에 들어가서 사진을 찍는 것을 허용했다. 역무원들은 약간 들뜬 얼굴로 사무실 옆에 붙은 싱크대와 뒷마당 사이를 오가며 손을 씻기도 하고 거울을 보며 모자를 썼다 벗었다를 반복하며 왔다 갔다 했다. 그때가 몇 시였는지는 기억나지 않는다. 역무원은 다만 마지막 열차가 들어왔다는 이야기를 했다. 열차에서는 매일 그랬던 것처럼 보따리를 인 할머니들이 차례차례 내렸다. 다만 이전과 달리 서두르는 기색이 없었기에 역내는 긴장이 풀리고 적막이 흐르는 듯했다. 할머니들이 다 빠져나가자 기관사는 창밖을 무심히 내다보았다. 아무도 그에게 작별인사 따위를 하는 사람은 없었다. 너무도 평온하게 마지막 열차는 막을 내리고 있었다.

무뚝뚝한 역장과 두 명의 역무원에게 마지막으로 사진을 한 장 찍자고 하자 역무원은 물론 역장도 그날은 못 이기는 척 역사 앞에서 포즈를 취해 주었다.

돌이킬 수 없는 것들

어떤 장면이 갑자기 눈앞으로 다가와 사진을 찍고 싶어도 카메라를 가지고 있지 않거나, 차를 타고 가는 중이었거나 심지어는 귀찮아서 다음에 와서 찍어야겠다고 생각하는 경우가 있다. 그러나 다음 기회에 마음먹은 대로 찍는 경우는 거의 없었다. 사진가들마저도 시간은 잊은 채 장소만을 생각하고 있는 것이다. 설령 시간과 상관없는 사물이라 할지라도 돌이킬 수 있는 것들은 모두 한계를 가지고 있다.

나는 나이 오십에 남산 밑에 있던 '서울사진아카데미'라고 하는 학원을 다녔다. 지금은 큰 수술을 하고 들어앉아 계시는 김장섭 선생님이 어렵게 운영을 맡아 하던 곳으로 문을 닫은 지 오래되었다. 그때가 1999년도라서 아이엠에프(IMF)로 모두가 어려운 시기였다. 가족들 눈치를 봐 가며 일주일에 두세 번씩 새벽 버스를 타고 전주에서 서울로 다니는 고생을 하면서도 쓸데없는 일을 하고 있지는 않은지 걱정이 많았다. 특히나 그 당시에는 모두 필름카메라를 사용해서 화학약품으로 현

'남광주역' 연작. 광주. 1999.

상을 하고 암실에서 인화를 했던지라 내가 하는 일이 환경이 나 오염시키는 일이 되고 마는 건 아닐까 하여 더욱 부담감이 컸다. 하지만 나는 이 일이 취미로 그칠 수 없다는 생각에 필요 이상으로 열성을 부리며 새벽부터 사진을 찍으러 다니고 밤늦게까지 인화 작업을 했다. 김장섭 선생님조차 그토록 매번 열심히 사진을 들고 와서 봐 달라고 하는 나를 보고 그만 픽 웃고 말았다. 이렇게밖에 할 수 없는 내 스스로도 계면쩍었다.

새벽에 남광주역에 가서 사진 찍고 현상해서 밤에 인화하는 경우가 종종 있었다. 암실조차 제대로 갖춘 것이 아니라 작은 방에 검은 막을 치고 인화지에 상(像)을 담아서 그것을 검은 봉지에 넣고 화장실로 들고 가서 현상액, 정지액, 정착액에 담갔다 빼서 수세(水洗)를 시키는 작업을 수도 없이 반복해야 했다. 밤늦게 지친 나머지 필름을 반대로 뒤집어서 인화를 하는 일도 있었다. 마땅히 다시 해야 하건만 흑백 톤이 제대로 나온 경우에는 그대로 넘어가는 경우가 있었다. '다음에 확대기에 다 바로 놓고 해야지' 하면서 말이다.

이십 년 가까이 지나서 남광주역 사진들을 다시 찾게 되었다. 내 손으로 밤을 새며 해냈던 결과물들이 상자에서 한 장 한 장 나올 때마다 감회가 새로웠다. 그런데 간혹 필름이 뒤집혀서 인화가 된 것을 볼 때 안타까운 마음이 솟아났다. 그때 바로 잡지 못한 채 많은 세월이 흘렀다. 나의 부주의로 그 필름들은 몽땅 어디로 사라지고 없어서 이제는 재인화를 할 수가 없다.

돌이킬 수 없는 일이 어디 이 일뿐이겠는가. 내 삶의 많은 부분이 그렇다.

울 엄니가 어찌 되든지 간에
그때 학교를 댕겼어야 했어라

외모가 사뭇 달라진 풍경은 어둠 속을 더듬거리며 찾아가는 발길처럼 그 모습이 가닥을 잡기 힘들었다. 도착한 시간은 아침 여섯시 반쯤이었다. 광장은 장사꾼과 손님으로 벅적거렸다. 나는 누군가를 붙잡고 묻고 싶었다. 십구 년 전 통일호 열차에 푸성귀를 싣고, 머리에 이고 지고 내리던 그 할머니들의 모습은 어디에 있는지. 이곳저곳을 기웃거리다가 겉절이김치를 파는 가게 앞에서 멈춰 섰다. 가게 주인아주머니는 활기찬 동작으로 큰 대야에 양념을 넣고 배추며 열무를 비비는데, 버무리기가 무섭게 그 자리에서 손님들이 다 사 가는 통에 눈 한 번 마주치기도 힘들었다. 나는 좌판 귀퉁이에 놓인 절인 고추 하나를 맛보고는 좀 떨어진 곳에 있는 파란 플라스틱통에 그 꼬투리를 던졌다. 내 딴에는 바닥에 안 버리고 쓰레기통을 찾아 버린다는 생각에서였다. "워메, 어쩐다냐." 그 옆에 섰던 손님이 어이없다는 듯이 나를 째려봤다. 나는 깜짝 놀라서 가까이 가서 들여다보니 그건 물김치통이었다. 다행히 다 팔리고

‘남광주역’ 연작. 광주. 2000.

바닥에 조금 깔려 있었다. 변명이라도 하자면 멀리서 보니 주둥이에 양념이 말라붙어 있어 좀 지저분해 보였었다. 너무나 미안하고 황망해서 남은 물김치를 내가 사겠다고 했다. 준비한 김치가 거의 팔린 덕인지 활기찬 주인은 "괜찮허요. 그랄 수도 있제라. 나 같으면 안 본 티끼(못 본 척) 해 부렀을 틴디. 째까(조금) 남은 거니께 안 폴아도 되아라"며 시원하게 일갈했다. 그래도 맛있어 보이는 물김치를 다 담아 달라고 했더니 오천 원만 내라고 했다. 대봉(감) 장사를 하다가 김치 장사 한 지는 삼 년이 되었는데 운이 좋았는지, 솜씨가 좋았는지 김치를 담아 오는 족족 잘 팔린다고 했다.

옥수수 껍질을 벗기고 있는 한 노인에게 말을 걸었다. 예전 남광주역 건물이 있을 때부터 장사를 했는지 알고 싶었다. "여그서 장사한 지가 이십 년 되았응께 그때 역이 있었제라." 남자는 청산유수로 말을 잘했다. "나는 열아홉 살에 장게를 갔어라. 우리 마누래는 열여덟에 시집오고. 장게가는 일이 왜 그리 꺽정스럽던지…." 그 '마누래'는 옆에서 말없이 고구마 줄기를 팔고 있었다. "우리 엄니는 스물아홉에 혼자 되았는디 그때 내가 일곱 살이었어라. 청상과부인 우리 어매가 밭에서 혼자 일을 하면 별일이 생길까 봐서 나를 늘 곁에 두었제라. 우리 집이 가난하기도 했제만 그것보다도 울 엄니를 지키느라고 내가 학교를 못 댕겼어라. 나는 초등학교도 못 나왔소. 울 엄니가 어찌되든지 간에 그때 학교를 댕겼어야 했어라." 그이는 웃지도 않고 너스레를 떨었다. "내가 이래 봬도 장성에 땅이 겁나요." 밤 열두시 반부터 나와야 두시에 자리를 펴고 네다섯 시에 도매 장사를 마치고 그 나머지를 지금 팔고 있다고 했다. 하루아침에 다 들을 수 없는 인생 이야기가 펼쳐졌다.

돌아서는 길에 벤치에 앉아 있는 할머니에게 예전 남광주역과 보따리 할머니들을 기억하냐고 물었다. "야. 그 할매들은 이제 다 죽어 부렀을 것이요. 배부른 사람들이나 옛날 일 기억하지 우리 같은 사람들은 하루하루 오늘 편하면 되아." 할머니는 구부린 허리를 펴며 자리를 떴다. 나는 예전 통일호 기차에서 보따리를 이고 지고 내리던 플랫폼 자리에 서서 활기찬 장터를 내려다보았다. 이제야 어둡침침했던 공간이 눈에 들어오고 세상이 변하고 있음을 깨달았다.

전라선

올겨울에도 서해안은 눈이 많이 내렸다. 아는 사진작가가 순천에서 전시를 한다기에 늦은 오후 전라선을 탔는데 갑자기 눈이 내리기 시작했다. 군산을 지나는데 학교 선생을 하고 있는 친구가 '오늘도 야간자율학습을 하느라 밤늦게까지 수고를 하겠구나' 하는 생각을 했다.

내가 스물두 살 때였을 것이다. 여수에서 여고 선생을 하던 친구를 찾아가기 위해서 그날도 늦은 기차를 탔다. 그 당시 겨울은 지금보다 눈이 더 많이 내렸던 것으로 기억된다. 전라선 완행열차 차창 밖으로 밤새 눈이 내렸다. 나는 눈 내리는 벌판 속으로 사라져 버리고 싶었다. 끝없이 방황하는 시간이었다. 고등학교를 마치고 서울로 올라간 나는 사 년이나, 재수 아닌 사수를 했다. 학원을 다닐 처지도 아니어서 무조건 동네 독서실에 가서 밤을 새우는 짓을 했다. 사 년을 그렇게 꼬박 공부만 한 것은 아니었다. 임시로 여기저기 직장에 들어가서 일을 하며 돈을 모았다가 늘 실패를 거듭하는 아버지를 대신해서 가

'남광주역' 연작. 광주. 2000.

족을 돕는 일도 해야 했다. 그때는 젊은이들에게 가정교사로 들어앉는 일 외에는 아르바이트 자리가 없었다. 젊은이들은 작은 중소기업이나 공장에 들어가서 이것저것 닥치는 대로 일을 했다. 나는 잡지사의 디자인 보조나 업무 보조 등의 일자리를 얻을 수 있었는데 쉽게 그만두기도 했다. 물론 그런 자리도 쉽게 구해지는 것이 아니어서 나같이 직장을 들락날락하는 사람은 많지 않았다. 나는 어디에 정착을 못 하고 방황하다가 나중에 폐결핵을 앓아 심각한 지경에 이르기까지 했다. 어쩌다가 병이 낫자 연극학교를 가기로 결심했다. 연극이라는 것에 인생을 걸어 보고 싶어졌다. 어쩌면 연극 무대에서 내 '꿈'을 펼칠 수 있으리라는 약간의 기대도 있었다. 그러나 여전히 현실의 벽은 험난해서 입학금으로 고민을 해야 했다. 그나마 독서실에서 쪼그리고 앉아 밤낮을 지새운 대가로 입학금 절반을 장학금으로 받게 되었다. 나에게는 다시 올 수 없는 기회였다. 그래서 가장 친한 친구에게 나머지 입학금을 도움받으러 여수에 가는 길이었다.

그 친구는 세상을 사는 방법이 나와 달랐다. 나처럼 어떤 목적을 정하고 무조건 앞으로 돌진하려고 하지 않았다. 그러기에는 세상이 너무 다양하고 복잡하다는 사실을 잘 알고 있었다. 그는 대학이 목표일 수 없다는 사실을 일찍이 깨닫고 있었다. 지방대학교의 신설 사범대학에 입학을 해서 바로 여고 선생으로 발령을 받았고, 그가 하고 싶은 예술이나 인문학 계통의 취미 생활을 하고 있었다. 음악에도 조예가 깊었고 당시 유명한 남도 화가들과 교류를 가질 정도로 미술에서도 안목이 높았다. 아직 대학도 못 들어가고 제도권 밖에서 떠돌고 있는 나와는 참 비교가 되었지만 그 친구는 내 잠재력을 인정해 주고 기다려 주는 유일한 사람이었다. 친구는 내가 부탁한 돈을 두말없이 빌려주었다. 사실 나는 그 돈을 언제 갚을지 알 수 없었다. "이 돈 빨리 받을 생각은 마라." 고맙다는 말 대신에 친구에게 던지고 온 말이었다. 연극학교에 입학하고 나서도 극심한 경제난은 연극으로 살아갈 내 길을 가로막았다.

모두와 연락을 끊고 지내던 나는 몇십 년이 지난 후에 그 친구와 다시 만났다. 친구는 여러모로 나보다 잘살고 있었다. 그 당시 나는 사진을 시작하기 전이었고 의기소침한 중년기를 보내고 있었다. 그런데도 그 친구는 나도 믿지 못하고 있는 내 잠재력을 여전히 믿는다고 말하면서 힘을 실어 주었다. 나는 여러 번 주저하면서도 친구에게 그 돈을 갚겠다고 말하지 못했다. 나의 셈법으로는 그것을 얼마로 계산해야 할지 몰라서였다. 그 뒤로 친구에게서 캐나다로 이민을 갔다고 연락이 왔다. 무심한 나는 가끔 그 친구를 오늘처럼 오래 생각한다.

부덕이

'부덕이'는 내 인생의 꽃시절인 유년기에 함께 살았던 강아지 이름이다. 부덕이는 진돗개의 피가 좀 섞인 잡종 중에서는 그래도 씨가 있다는 녀석이었다. 부덕이가 우리 집에 들어오게 된 사연은 이렇다. 우리 동네는 서창이라는 큰 마을에서 작은 산을 하나 넘어야 하는 난산이라는 동네로, 집 앞으로 평야가 펼쳐진 평온한 마을이었다. 할아버지는 자주 서창으로 마실을 나갔는데 나와 같은 반 친구인 정미소집 희숙이 할아버지와 친해서 그 집에 주로 가셨다.

하루는 할아버지가 해가 뉘엿뉘엿해지자 집으로 돌아오려고 댓돌 위에 놓인 신발을 신고 있노라니, 새끼 강아지 한 마리가 고물고물 다가와서 할아버지 뒤꿈치를 핥고 있는 게 귀여워서 그만 품에 안고 와 버리게 되었다. 희숙이네 집에서는 어미 개가 새끼 네 마리를 낳아 젖을 뗀 후 세 마리는 남을 주고 한 마리는 대를 이을 개로 남겨 두었다는 것인데, 그것을 할아버지가 안고 와 버린 것이다. 아이들이 찾아와서 강아지 돌려

'전주천' 연작. 전북 전주. 1999.

달라고 아우성을 하는데 할아버지는 엉뚱하게 소리를 질렀다. "느그는 다음에 낳은 새끼를 기르거라—." 나는 친구를 볼 면목이 없었지만 워낙 순한 애들이라 그렇게 넘어간 덕분에 복스럽고 인정스럽게 생겼다는 뜻으로 '부덕이'라는 이름을 붙여 주고 함께 살게 되었다.

부덕이는 정말 우리 식구였다. 할아버지 마실 길에 앞장서서 살피고 내가 학교 다녀오면 가장 먼저 뛰어나와서 반겼다. 방학이 되면 부덕이와 산과 들을 누비고 다녔다. 부덕이가 어쩌다 아프면 할머니가 장에 나가서 북어를 사다가 정성껏 먹이곤 했는데, 갑자기 할머니가 돌아가시고 가세가 기울자 우리는 살림을 정리해서 광주로 이사를 하게 되었다. 이삿짐 트럭 뒤 칸에 부덕이를 태우고 우리는 패잔병 같은 모습으로 광주에 들어섰고 옹색한 도시살림을 시작했다.

그런데 며칠 후에 부덕이가 사라져 버렸다. 집 근처를 아무리 뒤져도 부덕이를 찾지 못했다. 얼마 후 고향을 떠나지 않겠다고 남아 계신 할아버지한테서 소식이 왔다. 부덕이가 돌아왔다고. 세상에나! 시골집에서 광주는 삼십 리가 넘는데 도시의 복잡한 지리를 어떻게 알고 다시 돌아갔다는 말인가. 그것도 트럭 뒤에 실려 왔었는데. 우리는 놀라움과 안도와 안쓰러움을 느꼈다. 부덕이는 시골집에서 늙은 할아버지와 함께 살다가 죽었다. 우리 식구들은 성격상 동물을 껴안고 부비고 하는 잔정이 없어서 무심한 듯 지냈지만 부덕이는 늘 가슴 아픈

한 가족이었다.

'전주천' 사진을 찍으러 돌아다니다 비에 젖은 개 한 마리와 좁은 철제다리에서 마주쳤다. 녀석의 모습은 부덕이를 연상케 하는 몸집과 털 빛깔을 지녔다. 주인도 없는지 비를 맞으며 전주천을 걸어가는 뒷모습을 지켜보며 돌아서기 어려웠다.

손녀

우리 가족 중에는 내 작업(그중에서도 글)을 가장 잘 이해하고 관심을 갖는 사춘기 손녀가 있다. 그 아이는 초등학교 다닐 때부터 내가 만든 책(용담 수몰 지역 자료집까지)을 모두 읽어 보려 하고 잘 안 읽히는 부분에 가서는 '어렵다'고 말했다. 그만큼 관심을 가져 주었다. 사진 산문집 『감자꽃』을 발행한 해에 그 애 가족은 일 년간 외국에 나가 있었다. 다음 해 한국에 돌아온 아이들에게 그 책을 주었더니 말없이 들고 집으로 돌아갔다. 그 애들은 지금도 우리와 떨어진 곳에서 살고 있는데 설에 오더니 나름 할머니의 책을 평했다. 나 또한 손녀의 평을 듣고 싶었다. 첫번째 평은 내용이 '쉽다'는 것이었다. '다행이다.' 나는 그 말이 반가웠다. 그러고는 "젊은 것 같아요"라고 했다. 할머니의 유년기 이야기가 들어 있기 때문인가 보다 하고 생각했다. "할머니를 모르고 책을 읽는 사람은 할머니가 젊은 사람인 줄 알 것 같아요." '오호! 이건 칭찬인가?' 나는 귀밑까지 붉어지려 하고 있었다. 아이는 이어서 자기 엄마를 향해

'전주천' 연작. 전북 전주. 1999.

서 미묘한 웃음을 지으며 「생일」 때문이라고 했다. 나는 그 글에서 '내 생일을 기억하는 사람이 아무도 없다'는 표현을 했다. 그리고 '저희들 편의상 생일에 며칠 앞서 식사를 하고 갔다'고 쓰기도 했다. 아이는 엄마에게 그 말을 지적했다. "엄마, 우리 편의상이었던 것 기억해?" "너 편의상이란 말 알아?" 며느리가 민망해져서 말을 돌렸다. "그럼, 우리가 편한 대로 한다는 거잖아."

참, 몸 둘 바를 모르는 것은 나였다. 글을 쓰면서 지나치게 솔직한 표현을 해서 아이들을 난처하게 한 것이 민망스러웠다. 나는 손녀에게 고백했다. "할머니가 쓴 글은 사실을 토대로 썼지만 글의 묘미를 살리기 위해서 어떤 위로나 변명이나 칭찬보다는 자기 성찰과 직관과 고백을 중심으로 했단다. 그래서 너희 입장이 난처할 수도 있다는 사실을 몰랐다." 아이에게 사과까지는 아니어도 적어도 입장 표명은 해야겠다는 생각이 들었기 때문이었다. 아이는 그냥 웃기만 했다. 할머니의 말은 어디까지나 변명에 지나지 않는 것이 되어 버렸다. 오히려 '할머니 너무 당황하지 마세요'라는 식으로 나를 위로했다. "할머니, 제 친구에게 할머니 책을 권했더니 수필이나 그런 것은 안 본대요. 웹툰이라면 모를까요." 손녀는 어른스럽게 덧붙였다. "요즘 애들이 그래요." 그래도 요즘 애들인 이 아이는 할머니의 독자며 평론가다. 나는 손녀에게서 '요즘 애들'의 여러 모습을 볼 수 있어서 좋았다.

'전주천' 연작. 전북 전주. 1999.

지나간 달력

연초에 받아 놓은 정갈하고 작은 달력을 잘 어울리는 벽에 걸어 두리라 마음먹었는데 십이월 말에야 들춰 보게 되었다. 한 달 한 달 또박또박 밝힌 날수, 좋지도 나쁘지도 않지만 과장되지 않은 사진들. 이월엔 밀려드는 해변의 모래톱에 걸린 바닷새의 그림자, 삼월엔 다부진 봉오리를 펼친 홍매화, 칠월엔 청록빛 바다, 십일월엔 석양의 갈대…. 이런 것들을 저 건너에 두고 나는 또 다른 시간을 살았다. 내가 미처 눈여겨보지 못한 기쁨과 눈물, 그리움과 열망이 제대로 빛을 보지도 못하고 지난 시간이 되어 넘어가고 있다. 처음 내 마음이야 이렇게 구석에 제쳐 두리라 생각이나 했을까. 달력에 박힌 하루하루와 무심히 넘겨지는 한 장의 사진이 내 곁을 비켜 가며 그 빛을 잃고 있다. 그 속에는 나를 품고 떠나가는 시간이 깃들어 있다.

'전주천' 연작. 전북 김제. 2000.

지평선

지평선이나 수평선은 땅이나 바다가 하늘과 맞닿은 풍경이다. 그것은 원점을 향하는 신비와 다른 세상으로 가는 경계에 다다른다는 특별한 생각을 갖게 한다. 넓은 평야 지역에서 태어난 나는 지평선에서 평안하고 간절한 염원 같은 것을 느끼곤 한다. 그 끝에 이르면 내가 바라던 무엇인가가 있을 것 같은.

어느 겨울날 김제 평야 한가운데에서 시골 버스가 서고 초로의 여인이 내렸다. 여인은 내리자마자 작은 시내를 낀 논둑길로 접어들며 휘적휘적 걸어갔다. 나는 주로 겨울에 사진을 찍으러 다녔다. 치장 없는 풍경, 꽃이 지고 나뭇잎이 떨어지고 나서 그의 소임을 마친 듯한 허허로운 자연의 모습을 대하고 싶었다. 사람을 대상으로 할 때도 봄, 여름, 가을의 들떠 있는 상태보다는 겨울의 침잠 안에서 스스로를 돌아보는 시간을 마주하고 싶었다. 그러나 막상 추운 겨울에 낯선 곳으로 카메라를 들고 나서기는 쉽지 않다. 그 쉽지 않는 상황에서 나는 긴장감을 느낀다. 그날도 겨울바람 속에서 카메라를 들고 혼자 돌아다니다가 평야의 한가운데서 서는 버스를 바라본 것이다. 버스에서 내린 여인은 휘적휘적 평야의 끝을 향해 걸어가는 것이었다. 그녀는 아직 할머니라고 할 수 없는 나이였으나 옷매무새는 구식이었다. 손에 아무것도 들지 않았고 아무 망설임 없이 논둑길로 접어들었다. 그 풍경은 나의 어린 시절 어떤 간절한 장면을 불러일으켰다. 내 인생의 운명과도 같았던 할머니의 모습이었다. 손을 내밀어 붙잡으려 할수록 멀어져 가는 풍경이었다.

할머니는 사십대 후반에 갑자기 돌아가셨기 때문에 그 당시 사진이 거의 없다. 영정 사진조차도 화전놀이에 가서 단체 사진으로 찍은 것을 확대해서 희미하다. 희미하다는 것은 늘 안타까움을 준다. 나는 그 지평선을 향해서 걸어가는 여인의 치맛자락, 스웨터의 무늬, 걸음의 속도 등 뒷모습을 지켜보면서 사라져 가는 어떤 형상을 바라보고 있었다. 그 모습은 할머니의 모습이었다가 내 모습이었다가 현실 속의 그 여인이 되면서 멀어지고 있었다. 지평선 끝에는 과연 무엇이 그녀를 기다리고 있을까 하는 걱정이 들었지만, 그 끝에는 그녀의 따뜻한 집이 있을 것이라 믿어 보며 발걸음을 돌렸다.

근조(謹弔)

궂은비가 추적추적 내리는데 상주 세 명이 골목을 들어서고 있었다. 골목을 따라 한참을 걸어 올라가면 마루턱에 할머니의 집이 있다. 그들은 그 집을 향하고 있는 것이 분명했다.

오래전 일이다. 처음 사진을 배우면서 특별한 주제도 없이 카메라를 들고 여기저기 기웃거리며 다니던 때였다. 시내에서 좀 벗어난 한적한 길에서 허리가 몹시 굽은 할머니가 버스에서 내리자 나는 따라가면서 말을 붙였다. 할머니는 보따리나 좀 들라고 했다. 어디까지 가시냐고 물었더니 여러 말 말고 따라오라고 했다. 할머니는 다리를 건너고 마을 골목을 지나 계단을 오르기 시작했다. 나는 보따리를 들고 숨을 헐떡이며 할머니의 뒤를 쫓았다. 아직도 멀었냐고 죽는시늉을 해도 할머니는 못 들은 척 계단만 오르고 있었다. 숨이 턱까지 차올라 내가 못 견딜 만할 때쯤 가파른 계단 끝 집에 가서야 걸음을 멈추었다. 할머니는 사립문 같은 작은 문을 밀고 들어섰다. 마당

'전주천' 연작. 전북 전주. 1999.

에 들어서자 앞이 탁 트인 전주 시내 전망이 나타났다. "할머니, 저를 만나지 않았으면 이 짐을 어떻게 들고 오시려고 하셨어요?" 하고 묻자 할머니는 태연하게 이야기했다. "저 아래다 놓고 오면 동네 누군가가 들고 와." 별걱정을 다 한다는 식이었다.

그 일이 있고 난 얼마 뒤에 나는 '전주천'을 주제로 사진을 찍기 시작했다. 흑백사진에 필름 감도를 3,200으로 올려서 찍었다. 보통 흔히 쓰는 35밀리 필름은 100, 200, 400 ASA(감도)가 있다. 감도가 낮을수록 입자가 곱다. 그러나 경우에 따라서 굵은 입자를 잘 활용해서 사진을 찍을 수 있다. 3,200정도 감도는 그냥 낮에 찍으면 캄캄하게 먹통으로 나올 수 있다. 그래서 비가 오는 날 표면에 물기가 젖어 있으면 그 부분이 드러나면서 재미있는 상이 잡히므로 비 오는 날 촬영을 다녔다.

2000년까지만 해도 전주천은 자연 하천의 구조를 지니고 있었다. 하천의 물결이 물고기의 등허리처럼 반짝이며 영상에 담겼다. 전주천은 전주 시내를 가로지르는 도시 하천으로 그 옆에 길이 이어져 있었다. 그 길을 따라서 오르내리며 촬영을 했다. 이날도 하천 사진을 찍으며 올라가는데 공터에 빈소가 차려져 있는 모습이 눈에 띄었다. 발인을 마친 상주들이 골목길로 들어서는 것이 보였다. 그곳은 전에 내가 할머니를 따라 짐을 들고 올라갔던 계단으로 이어지는 곳이었다. 골목 끝에 있는 할머니의 집은 보이지 않았지만 상주들이 걸을 때 들려오는 서걱거리는 옷자락을 오래도록 지켜보고 서 있었다.

도마

어느 날 김제 만경에서 제재소를 가업으로 이어가는 분이 우연히 사진관에 들러서 계남정미소에서 전시를 하고 싶다는 의향을 밝혔다. 뜻밖이었다. 계남정미소를 잘 아냐고 했더니 이야기만 자주 들었다고 했다. 그나저나 무슨 전시를 하시고 싶은 거냐고 물었다. 계남정미소는 시골 벽지에 있어서 뚜렷한 주제로 사람들을 끌어올 만한 매력이 있어야 했다. 그는 '도마'를 전시하고 싶다고 했다. 그가 너무 쉽게 말해서 내 귀를 스쳐가던 그 단어가 갑자기 정지하는 것을 느꼈다. 그러고 나서 우리는 아무 구체적인 의논도 없이 전시를 하는 것으로 합의를 보았다. 어쩌면 서로 다른 구상을 하고 있었는지도 모른다. 도마로 전시를 할 수 있을까? 구미가 당기는 제안이었지만 나한테는 애매한 주제이기에 더욱 흥미있는 과제였다. 나중에 들은 이야기지만 그이는 늘 만들고 있는 대상이어서 쉽게 제안할 수 있었다고 했다.

사실 도마처럼 단순한 목적을 갖고 있는 것이 또 있을까 하

뜻밖의 일. 「도마」전. 전북 임실. 2018.

는 생각이 들었다. 그렇게 목적이 단순하니 형태도 단순할 수밖에. 지가 아무리 꾸미고 가꾸어도 날개를 달고 하늘을 날 수는 없잖은가. 그런 도마에 애정이 생기기 시작했다. 시선이 가는 순간 그것의 처연한 삶이 애절하게 느껴졌다. 태어나는 순간부터 온몸으로 칼을 맞고 살아야 하는 운명적인 태생을 알기나 할까. 수만 번 아니 수억만 번 이어지는 시간의 부대낌 속에서 때로는 칼보다 더 질기게 버텨낸다. 그 무던한 견딤이 서럽다.

제안은 제재소 주인이 했지만 좀 더 색다른 전시를 하고 싶어서 봄부터 매일 도마를 보고 쓰다듬고 생각하게 되었다. 오랜만에 계남정미소가 문을 여니 멀리서 찾아오는 분들에게 색다른 것을 보여 주고 싶었다. 그러나 세상에 새로운 것은 없다. 그래서 도마가 보여 줄 수 있는 한계에서 비로소 전시는 시작된다. 나무를 다루는 것이 업인 제재소 주인의 도마가 선두를 서고, 놀기를 좋아하지만 일 잘하는 소목 장우석의 느린 손놀림으로 만든 도마가 좀 뒷전에서 모습을 드러낸다. 전주에서 열심히 작업을 하는 다섯 명의 회화작가들(고형숙, 양순실, 이봉금, 이일순, 한숙)의 토막잠 같은 그림이 각자의 개성으로 펼쳐진다. 뒤이어 김영춘의 시, 김지연의 사진이 자리를 잡고, 늙은 어머니들의 도마는 중심에서 무게를 잡아 주면서 모두 살갑게 어우러져 도마축제가 되었다. 이번 「도마」전은 모두에게 뜻밖의 일이다.

작가들의 도마는 '도마의 바다'나 '도마의 무게'와 같은 추상적인 상상력을 부여했고, 세월의 흔적을 드러내는 닳고 닳은 도마는 어머니의 부재를 깨닫게 하고, 소목장이의 도마는 정갈한 품을 제공했다.

일 년이 지난 후 순회전을 하자는 제안이 여러 다른 마을에서 들어왔다. 그렇지만 동네마다 도마는 각자의 사연을 지니기 마련이어서 또 다른 기획이 필요하다는 생각에 답변을 쉬 할 수 없었다.

저울

예전 앉은뱅이저울이나 막대저울에는 추(錘)라는 것이 있다. 전지전능한 저울이라고 하더라도 세상의 무게를 다 잴 수는 없는 노릇이라, 추라는 것을 저울 한쪽에 달고 감당할 수 있는 한계 내에서 무게를 재는 것이다. 그래서 나는 추라는 것의 역할에 몹시 흥미가 있었다. 계남정미소나 서학동사진관의 이름을 붙일 때도 늘 떠오르는 단어였지만 추라는 단어가 여러 다른 의미와도 중첩되기에 마음을 접었다. 대부분의 사람들은 추를 얹어서 저울을 다는 방법을 잊어버린 채 전자저울의 시대로 넘어가고 있다.

「도마」전을 기획하면서 나름 고민이 많았다. 도마가 전시를 하기에는 너무 일상적이고 익숙한 대상이기에 그것의 용도 이외에는 다른 생각이 떠오르지 않았다. 너무 많이 안다는 것은 그가 가진 다른 면에 무감각하다는 것일 수도 있다. 도마는 칼과 부엌을 연상시키고, 요리와 채소와 생선과 식탁과 가

도마의 무게.「도마」전. 전북 진안. 2018.

족을 떠올리게 한다. 이것이 전부라면 도마는 위에 열거한 단어들 가장 밑바닥에서 없는 듯이 붙어 있는 소소한 물건에 지나지 않는다. 그래서 이번에는 도마를 주인공으로 하고 싶었다. 신세대들에게는 도마를 식탁 위에 음식을 폼 나게 올려놓는 플레이트용으로 사용하는 것이 유행이라고도 한다. 그러나 나는, 어머니와 함께 늙어 온 도마를 생각하게 된다. 어떠한 태도 없이 시간 속에서 닳아져 없어지는 것. 이번 전시를 준비하면서 동네 어머니들에게 옛 도마를 찾으니 "그런 구성없는 것을 여태까지 뭐 하러 놔둔다요. 진작에 불에 태워 없앴지라" 한다. 그 아프고 소중한 시간이 '구성없는 것'이 되어 사라져 버렸다. 나는 그 '구성없는 것'의 무게가 알고 싶어졌다. 그래서 저울을 구해 그 위에 오래되어 낡고 닳은 도마를 올려놓았다.

그 무게는 백구십이 그램 정도, 이 킬로그램 저울 안에서 키재기를 하고 있다. 그러나 도마의 실질적인 무게는 칼질로 나무 살이 다 저며 나간 아픈 시간의 무게일 것이다. 전시장에는 여러 작가들의 작품이 저마다의 개성을 드러내고 있지만 이 '도마의 무게' 앞에서는 모두 숙연해지고 만다. 도마는 지나간 시간의 무게를 안고 있기 때문이다.

그리고 저울을 가져온 친구는 전시 중이 아닐 때는 도마를 저울에서 내려놓기를 당부한다. 저울도 좀 쉬어야 하지 않겠느냐고.

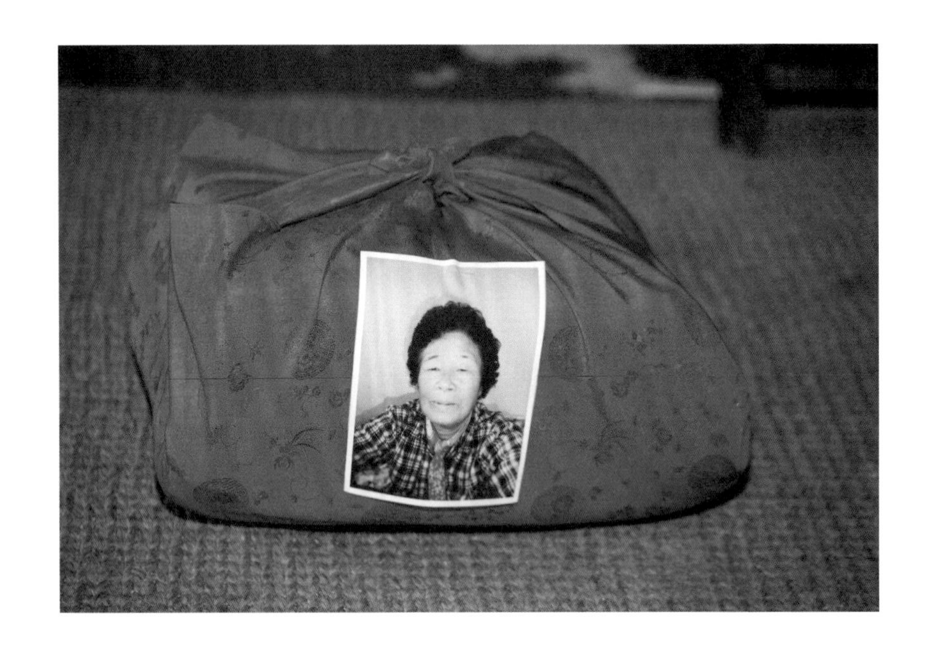

양촌댁. 「보따리」전. 전북 진안. 2012.

양촌댁

양촌댁은 계남마을에 홀로 사는 할머니로 볕 잘 드는 양촌마을에서 시집왔다고 양촌댁으로 불린다. 양촌댁은 어느 날 손수 지은 팥 한 말을 머리에 이고 와서 계남정미소 전시장에 내려놓았다. "이것 좀 팔아 주시오. 올해 팥 농사지은 것인디, 우리 묵고 남은 것이 이것뿐이라 장에 내가기도 그렇구만이오" 하고는 이쪽 대답도 듣기 전에 놓고 가 버린다. 사실 이것이 느닷없는 일은 아니다. 계남정미소 시작하고 이삼 년 뒤 전주에서 한 지인이 찾아왔다. 남편이 암으로 죽고 나니 자식들하고 살기 막막해서 한옥마을에서 팥빙수 장사를 시작해 보려고 하는데 맛 좋은 팥을 구할 수 없겠냐고 물었다. 서로가 좋은 일이다 싶어 이 마을 저 마을 알음알음으로 팥 구할 수 있는 곳을 알선해 주었다. 그런데 나중에 그 팥빙수가 전국을 떠들썩하게 할 줄은 본인도 모르고 나도 몰랐다. 가게를 시작하면서 한옥마을은 급속도로 팽창을 했고, 그 집은 맛집으로 소문이 나서 매일 백 미터 이상 손님이 장사진을 치는 '대박'이 났다. 그

후로 여기저기서 너도나도 팥빙수를 하는 곳이 늘어났다. 그 집은 물량이 엄청나게 늘어나서 그 많은 재료를 어디서 구하는지 난 알 수 없었고, 주인도 만나기 힘들 정도로 바빠져서 잊고 지냈다.

그러다가 계남정미소에 농민과 소비자를 연결해 주는 직거래장을 만들면 좋겠다 싶어 그 지역에서 나는 고추, 호박고구마, 감자, 옥수수, 양파, 참깨, 쌀, 수수 등 계절에 따라 바뀌는 작물을 가져오게 해서 팔아 주었다. 거기에 이윤은 일절 붙이지 않았다. 농민과 계남정미소를 찾아온 손님(소비자)을 위하는 일이라면 이 정도는 할 수도 있는 일이었다. 그런데 간혹 가다 일반 시세와 비교해서 비싸다고 말하는 손님과 그 소리를 들은 생산자들의 다툼은 중재가 어려웠다. "그럼 자기들이 한번 농사를 지어 보라고 하시오." 힘든 노고를 모를까마는 도시 사람들에게 통할 말은 아니었다. 그뿐 아니다. 한번은 수수를 사서 빻아 달라는 손님이 있어 좀 난처했지만 단골손님이라 차마 거절하기 어려워 수수 이십 킬로그램을 방앗간에 가서 빻아다가 사람을 시켜 배달해 주었다. 마침 그 집에 어린 손녀딸밖에 없었단다. 그리고 그날 그분이 갑자기 병원에 입원하는 바람에 현관에 놓여 있던 그 수수가루는 썩어 버리고 말았으니 돈을 낼 수가 없다는 것이다. 나는 그 말을 농부에게 전할 수도 없어서 귀한 수수값과 방아삯까지 배상을 해 줘야 했다. 그렇잖아도 일손이 없던 터에 말썽이 생기고 손해 보는 장사를 계속하기가 힘들어서 접었다.

그 일로 양촌댁은 지금도 내가 물건을 팔아 주는 줄 알고 가져온 것이다. 그 밖에도 그이는 재미있는 성격을 지닌 사람이었다. 자기가 한 번 내뱉은 말은 상대방의 의사가 어떻든 관철을 시키고야 마는 것이었다. 올봄에도 수세미 모종을 서너 개 포트에 들고 와서는 "이것을 저기다 심어서 나눠 가집시다" 하고 던져 두고 가는 것이었다. 작년에도 양촌댁이 수세미 모종을 가지고 와서 정미소 옆 철근프레임에 키운 적이 있다. 그런데 그 철근프레임이 이 미터도 넘어서 매일 자라는 순을 걷어 올리려면 뙤약볕 아래서 사다리에 올라가야 하는 일이라 번거로웠다. 사실 처음에는 포도넝쿨을 올렸다가 포도나무가 죽는 바람에 실패를 하고 뒷산에서 으름나무를 캐다가 심었더니 잘 자라고 있어 손이 가는 수세미를 키울 생각은 없었다. 안 된다고 거절했는데 그이는 하루에도 수차례 수세미 모종을 심었는지를 끈질기게 물어 오기 때문에, 수세미를 안 키우고 배길 재간이 없었다. 아무튼 그이가 두고 간 빛깔 좋은 팥을 사기로 하고 여기저기 선물할 곳을 궁리했다.

다음해 계남정미소에서 「보따리」 전시를 기획(마을 사람들에게 보자기를 만들어다 주고 자기가 아끼는 물건을 담게 했다)할 때 양촌댁은 시집올 때 가져온 치마저고리, 버선, 광목, 속바지 등을 담아서 들고 왔다. 나는 보따리에다 양촌댁의 고집 세고 유순한 얼굴을 붙여 주었다.

'텃밭' 연작. 전북 전주. 2014.

상록수

내가 어릴 때, 우리 할아버지는 아버지에게 이런 이야기를 했다. "너는 그 쓰잘데기없는 대학을 다니지 말고 소학교(초등학교)나 마치고 면서기나 했어야 했다." 지금 들으면 좀 납득이 안 가는 이야기다. 그 시절에 대학을 나온 아버지는 그렇다손치더라도, 소학교를 마치고도 면서기를 할 수 있다니 말이다. 그리고 왜 대학을 나온 반반한 아들을 두고 우리 할아버지는 그리 불만이 많으셨을까? 아버지는 소학교를 졸업한 후에 진학을 포기하고 매일 산으로 나무를 하러 다녔다. 학교는 공부를 잘하고 매사에 재능이 있는 동생이 가면 그만이었다. 작은 삼촌은 전남 광산군 서창면 시골에서 광주까지 매일 통학을 했다. 십 리 길인 송정리역까지 나가서 기차를 타고 광주에 가야 했다. 아버지는 매일 동생을 자전거 뒤에 태워서 송정리역까지 실어다 주고 또 기차역에 마중을 나가고 했다. 그런데 불행히도 동생이 중학교 오학년 때 신장병으로 죽게 되었다. 아들 형제밖에 없던 와중에 다 큰 아들 하나를 잃은 슬픔은

온 가족이 감당하기 어려운 일이었다. 그 당시 할아버지는 상당한 재력가였으므로 아들을 진학시키는 데 별 어려움이 없었다. 그런데도 아버지는 날마다 지게를 지고 산으로 나무를 하러 다녔었다. 키도 작고 왜소해서 일을 잘할 체격을 타고난 것도 아니었다. 아버지는 야심가가 아닌 탓이었을까? 할머니의 상심 속에서, 아버지는 심훈의 「상록수」를 읽다가 공부를 해야겠다는 결심을 하고 비로소 대학에 진학했다. 해방 후 의식 있는 청년들은 '계몽주의 문학'에 빠져 있었고 그중 아버지도 교사 생활을 접고 지방에 학교를 세우는 일에 매달렸다. 시골 오지에 세운 진남중학교는 4회 졸업생을 배출하고 문을 닫았다. 그러면서 우리 집은 빚더미에 앉게 되었다. 할아버지의 '쓰잘데기없는 대학' 이야기는 이때쯤 해서 나온 것이다.

나는 그동안 아버지를 「상록수」라는 계몽주의 소설을 읽고 자기 진로를 바꾼 로맨티스트로 여겨 왔다. 그만큼 나는 심훈을 몰랐었다. 엊그제 방송에서 유시민 작가가 심훈의 행적에 대해서 말하는 것을 듣고 '아차' 하는 생각이 들었다. 심훈은 일제강점기 독립운동가였으며, 삼일운동으로 복역을 했으며 그의 소설과 시가 여러 차례 혹독한 검열을 거치면서 비로소 「상록수」라는 소설을 낳게 되었다는 것을 알게 되었다. 정치적으로 혼돈의 시기라고 할 수 있었던 나의 어린 시절은 친일파와 독립운동가의 구분이 모호했고, 사회주의 사상은 무조건 죄악시되어 월북작가들의 작품은 금서가 되었다. 그런데 아버지의 서재에는 정지용의 시집이나 이태준의 『문장강화』 등이 자리잡고 있어서 어린 나도 읽어 볼 수 있었다. 나중에 그것이 아버지의 사상문제 꼬투리가 되기도 했다. 그는 시골에 중학교를 세워서 거의 무료로 학생들을 가르쳤고 돈이 없는 집 아이들이 고등학교로 진학하는 데도 혼신의 힘을 다했다. 학교 건물은 겨우 한 칸 한 칸씩 증축을 해 나갔고 마침내 사채까지 쓰다가 파산하면서 학교 인가(認可) 철회를 당하고 말았다. 그는 사회주의자로 낙인찍혔던 경력 때문에 다시 학교 교사로도 돌아갈 수 없었다. 그는 정치판에서 남은 인생을 소진했고 무능력자로 살다가 숨을 거두었다. 나는 아버지의 순수한 열정과 의지는 인정하면서도 아버지가 몸에 맞지도 않는 정치판을 기웃거렸던 것, 사회주의자라는 낙인 속에서도 그의 주체의식 같은 것은 찾아보기 힘든 허당이었다는 것, 현실적응 능력이 없어 가족을 고생시켰다는 것 때문에 아버지를 안타깝게 여기며 살아왔다. 그런데 가족들은 아버지와 내가 가장 많이 닮았다고 한다. 무언가를 열심히 하고 있다는 점에서 그런 것 같긴 하다. 그러나 나는 아버지보다 덜 순수한 것 같다. 돈 있는 집 아들이 일찍이 자신의 자질을 깨닫고, 동생이 죽지 않았더라면 그대로 나무꾼을 하고 지냈을 그런 순수함을 나는 지니지 못했다. 그는 그 혼돈의 시기에 그렇게 조용히 살고 싶었던 것이다.

'낡은 방' 연작. 전북 진안. 2011.

한복집

어린 시절 어머니는 갖가지 옷을 내게 만들어서 입혔다. 자르고 붙이기를 수차례 해서 자기의 솜씨를 드러냈다. 전쟁이 끝난 시절에 남들은 입에 풀칠하기도 어려운데 어머니는 틈만 나면 재봉틀에 붙어 앉아서 내 옷을 만들었다. 그래 봤자 시골 구석에서 누가 눈여겨봐 줄 사람도 없었다. 간혹 도시 사람이 오면 칭찬을 해 주지만 아버지나 나는 그런 것으로 남의 시선을 받는 것을 쑥스러워했다. 그러나 그것도 오래가지는 못했다. 가세가 기울면서 먹고살기도 힘든 처지가 되니 어머니는 재봉틀에서 손을 떼었다.

그러다 서울로 올라와서 아버지가 하는 일마다 실패를 하니 어머니는 다시 재봉틀을 잡고 한복집을 열었다. 그것이 가족을 먹여 살리는 유일한 방법이었다. 어머니는 혼자서 배운 바느질이라서 치수를 재거나 본을 만들 줄 몰랐다. 옷을 입혀 보고 '눈대중'으로 만들어도, 입소문을 타서 일이 끊이지 않았다. 그러나 간혹가다 트집을 잡고 옷을 안 찾아가거나 심지어 배상을 해 주는 경우도 있어서 바느질로 식구가 먹고산다는 것은 역시 어려운 일이었다.

나는 그 힘든 시절에 꿈이 많았다. 장롱만 한 컴퓨터가 국내에 처음 도입되자 프로그래머가 되겠다고 몇 달 학원을 다녔는데 애당초 그쪽으로는 자질이 안 되어서 그만두었다. 의상디자이너가 되겠다고 국제복장학원을 다녔다. 이쪽으로는 제법 소질이 있었는데 내가 너무 열심인 나머지 밥도 안 먹고 머리도 안 빗고 세수도 안 하고 그 일만 하고 있으니 어머니는 디자이너고 뭐고 바느질은 하지 말라고 말려서 그것도 중도에 그만두었다. 어머니는 그 직업이 싫었던 것이다. 나도 진득하지 못한 성격이어서 뭘 계속하지 못하고 이것저것 기웃거리기만 했다. 그때마다 어머니는 생계를 유지하면서 구깃구깃 감춰 두었던 비상금을 털어내곤 했다. 그 짓은 나뿐 아니라 아버지에게도 해당되는 일이었다. 나는 어머니의 마지막 비상금까지 끄집어내 쓰면서 아버지한테는 주면 안 된다고 당부를 했다. '밑 빠진 독'이라고 강조를 하면서 말이다. 그런데 순진한 어머니는 아버지나 나한테 매번 희망을 걸면서 돈을 내주었다.

낡은 방을 찍으러 다니다가 진안에서 작은 오두막집에 들렀다. 대개 내가 찾는 사진은 그런 집에 있기 마련이었다. 할머니는 헛간을 깨끗이 정리해 두고 그곳에 나와 앉아 있었다. 마당에는 파와 열무가 잘 자라고 있었다. 할머니가 앉아 있는 배경에 걸린 '전주한복집'이란 간판을 보면서 늙은 어머니 생각이 났다. "할머니, 저 간판은 뭐예요?" "아— 저거, 예전에 전주에서 한복집을 해서 자식들 먹여 살렸구만이라—." 할머니는 다소곳이 앞으로 손을 모으며 주름진 얼굴로 살포시 웃었다.

'삼천 원의 식사' 연작. 전북 전주. 2013.

붕어빵

'삼천 원의 식사' 작업을 할 때 우리 동네 붕어빵 아주머니를 찍은 적이 있다. 농협 아래쪽에 작은 이동식 포장마차가 붕어빵집이다. 이동식이라고는 하지만 자리는 늘 그 자리다. 어묵도 판다. 근처에 초등학교가 있어서 아이들이 주로 단골이고 아파트와 은행에 일보러 왔던 사람들이 중요 손님들이다. 가을부터 겨울과 봄에 문을 열고 여름에는 문을 닫는다. 요새는 여름이 길어서 한 반년은 문을 닫는 듯했다.

2014년에 전시를 하면서 책을 가져다주고 싶어 몇 번이고 찾아갔으나 매번 손님이 있거나 문을 닫거나 해서 주지 못하고 세월이 흘렀다. 오늘은 모처럼 아파트 주변을 돌다가 붕어빵 가게를 보니 사진 생각이 떠올랐다. 날이 좀 더워져서인지 손님이 없었다. 나는 그 집에 들러 붕어빵 천 원어치를 샀다. 아직도 천 원에 세 개를 주었다. 2013년에도 천 원에 세 개였는데 말이다. 나는 두 개만 주어도 된다고 말하고 싶었다. 어차피 두 개밖에 못 먹을 것이기에. 말이 목구멍까지 나오는 것을 차마 못 하고 세 개를 받아들고 왔다. 두 개만 달라고 하는 것이 혹 실례가 될까 해서였다.

집에 돌아와서 『삼천 원의 식사』를 꺼내 보았다. 그이의 사진은 칠십팔 쪽에 있었고 오 년이란 세월 덕에 사진이 더 젊고 예뻐 보였다. 나는 그이가 좋아할까 아닐까 망설이다가 그래도 책에 저자서명을 해서 가지고 갔다. 여전히 손님은 없었는데 아들과 통화를 하는 듯했다. 통화가 끝나자 나는 그이에게 책을 내밀었다. "저를 기억하시겠어요? 그 사진 찍었던 사람…." 그이는 잠시 생각하더니 "아— 그때…" 하며 금방 기억을 했다. 나는 책을 내밀었다. "여름에는 문을 닫고 해서…." 나는 그이가 나온 페이지를 펼쳐 보였다. "아, 풍신나게 생겼네." 그이는 자기 모습을 보며 쑥스러워했다. 내가 보기에는 지금보다 훨씬 예쁜데 말이다. 그이는 "붕어빵을 좀 많이 구워 놨더라면 사진이 보기가 더 좋았을 텐데" 하며 아쉬워했다.

임실 장에서 동지팥죽을 한 그릇에 오천 원 하는 작은 식당에 갔었다. 사진을 찍는데 주인이 들고 있을 때 뜨거울까 봐서 양을 적게 해 달라고 부탁을 했더니 아쉬운 듯이 말했다. "이렇게 사진을 찍을 줄 알았으면 양을 보통 때처럼 많이 담을 텐데요." 그 말을 듣고 나서야 나는 전문가들 사이에서 거창하게 말하는 소위 '직업의식'이 뭔지를 깨달았다. 우리가 보았을 때 붕어빵 거치대에 붕어빵이 적게 올려 있건 많이 올려져 있건, 팥죽 한 그릇의 양이 조금 적건 많건 신경을 안 쓴다고 생각하는

데 자기 직업을 가진 분들에게 그것은 자존심이나 마찬가지였다.

붕어빵집 주인은 신기한 듯이 책을 이리저리 뒤적여 보았다. 나는 그이가 그 책을 좋아했으면 하고 바랐다.

'근대화상회' 연작. 전북 임실. 2009.

할머니의 가게

마을 한쪽에 홀로 떨어진 건물에 구멍가게가 하나 생겼다. 시골에 사람이 없어서 모두들 문을 닫는 추세에 새로운 구멍가게가 생긴 것은 특이한 일이었다. 타지에서 새로 이사 온 사람도 젊은 사람도 아닌 마을 덕순 할매가 주인이었다. 일흔 중반의 덕순 할매는 이 마을로 시집와서 오십 년 넘게 농사를 짓고 살았다. 시집이라고 해 봤자 재 너머 동네에서 겨우 이곳으로 온 것이 일생이라는 긴 여정의 시작이자 끝이었다. 부모도 없이 자란 남편은 큰아버지 댁에서 양자로 크면서 머슴처럼 일을 해 주고 있었다. 결혼하고 부부가 억척같이 일해서 살림을 이루고 자식 셋을 두었다. 아들 둘, 딸 하나인데 모두 똑똑해서 장남은 사업을 해서 성공했고 딸은 교사에 사위가 의사이고 막내아들은 학위를 따서 교수가 되었다. 자식들에게 특별히 신경을 쓴 것도 아닌데 큰아들이 사업을 하면서 동생들 학비를 도운 덕에 동생들은 공부를 열심히 해서 남 못지않은 좋은 대학을 나와서 동네는 물론 군 전체가 부러워하는 집안이 되었다. 남편은 십 년 전에 암으로 세상을 떠나고 적적하지만 남아 있는 땅에 농사를 지으며 마을 사람들과 잘 지내고 있었다. 젊었을 때 하도 심하게 일을 해서 무릎관절이며 허리 디스크로 고생을 하면서도 놀고 있기 뭐해서 철철이 농사를 지어서 도시에 있는 자식들에게 보내는 것이 그이의 낙이었다. 자식들은 효성이 지극해서 어머니에게 농사를 못 짓게 당부를 하는데, 대답은 "그러마" 하고 어머니는 늘 밭에 가서 살았다. 보다 못한 자식들이 어머니가 밭에 못 나가게 구멍가게 하나를 차려 준 것이었다.

그런데 덕순 할매는 답답한 일이었다. 우선 셈을 못 하니 큰돈을 받고 잔돈을 헤아려 주기가 힘들었다. 동네 사람들이야 비슷한 처지니 어떻게 해 보는데 간혹 지나가다 차에서 내리는 도시 사람들이나 여름에 마을 앞 강으로 물놀이 오는 사람들에게 물건을 팔 때는 난처했다. 그래서 물건을 사는 사람들에게 맡기는 수밖에 없었다. 사람들은 그래도 알아서 셈을 하고 갔다. 카드기계는 없으니 아예 사용하지 않는다. 취미 삼아서 하라고 차려 준 것인데 늙은 말년에 이것이 어디 취미가 되겠는가. 동네 할머니들도 딱한 처지를 알아서 자주 들른다. "용머리 떡(댁), 얼매나 폴았어? 갇혀 있응께 심심허지라. 이것도 참 답답헐 일이구만이." 사람들은 처음에는 덕순 할매 자식 잘 둔 것이 부러워서 자기 자식들과 비교해 가며 "아이고, 누구 자식들은 성공해 가지고 자나 깨나 지 부모를 저리 생각허는디…" 모두 한마디씩을 하더니 이제는 여름이나 겨울이나 혼자서 오도카니 앉아 있는 덕순 할매가 안되어 보인다고 일 없을 때는 와서 화투도 치고 놀아 주었다. '한일문구'가 씌어진 유리창문은 동네 사람이 읍내 나갔다가 주워 와서 겨울을 대비해 덧문으로 달아 준 것이다. 이곳에 학교도 없고 아이들도 없는데 문구점이 필요할 리 없다. 하긴 이 동네에 딱히 구멍가게도 필요한 것은 아니었다. 동네라고 여남은 집이 전부이고 그것도 노인들에 혼자 사는 사람이 대부분인데 무슨 가게가 필요하겠는가. 그래도 마을 사람들은 덕순 할매 자식들의 효성을 높이 사며 무슨 사당 아끼듯이 서로 살피고 있었다.

'자영업자' 연작. 서울. 2017.

우밥집

'우동으로 밥 먹고 산다'가 간판의 본이름이고 그걸 줄여서 '우밥집'이라 부른다. 처음 주인과 인터뷰를 했을 때 '우박집'으로 잘못 들었다. 우박처럼 쏟아지라는 뜻인가? 긴가민가했다.

세련되고 사근사근한 주인은 십 년 전 분위기있는 이탈리안 레스토랑의 셰프로 시작했다고 한다. 한때 그런 분위기가 유행이던 때가 있었다. 점차 서민들의 주머니가 가벼워지면서 분위기보다는 좀 더 싸고 알찬 음식을 찾는 추세여서 우동, 김밥 등의 분식 가게로 바꿨다.

아침 열 시 반에 나와서 새벽 한 시까지 일하고 들어간단다. 노동이라고 생각하지 않는다는 주인의 말에서 생존의 절박함이 더 묻어 있다. 대개의 자영업자들은 가족의 힘을 빌리고 있다. 말하자면 온 가족이 영업에 총력을 기울이고 있다는 뜻이다. 형님과 함께 일하는데 인건비 절감을 위해서는 아니라고 한다. "형님네도 가족이 있는데 인건비 절감이라뇨." 그는 강하게 부인했다. 하지만 대부분의 경우 인건비 절감 때문인 것은 안타까운 현실이다.

장사가 좀 된다 싶으면 오 년 임대 기간이 끝나고 건물주가 사용한다는 명목으로 혹은 대형 기업에 팔아넘겨 버려서 쫓겨나게 되는 일이 비일비재하다. 계약기간이 끝나면 당연한 거 아니냐고 할 수 있지만 권리금이나 인테리어 등 비용이 엄청나게 투자되었기 때문에 자영업자들은 파산하게 된다. 안 그러면 장사가 안 되어서 스스로 망하는 수밖에 없다. 인터뷰 내내 긍정적이며 진취적인 셰프 겸 대표가 하는 말은 자영업자들의 현실을 대변하고 있었다.

여러 방법을 찾아보고 있다는 주인에게 "살아남기 위한 방법인가요?" 하고 물었을 때 그의 낯빛이 살짝 흔들렸다. 적어도 그의 자존심에 자기 영업이 무슨 전투처럼 살고 죽고 한다는 말처럼 들려 거슬린 것 같았다. 그러면서도 이내 수긍을 했다. "그렇죠. 살아남아야 하니까요." 그의 긍정은 오히려 듣기 미안했다. 자영업자도 그날그날 이문만을 따지는 장사치가 아닌 자기 일에 대한 긍지를 갖고 있는 것이다. 그는 그것이 외면받는 현실에 곤혹스러워 하는 듯했다.

우량제분소

송정리는 내가 중고등학교를 다닌 곳이다. 지금은 광주시에 편입되어서 같은 행정구역이 되었지만 예전에는 송정리에서 광수를 가려면 극락강과 상무대(尙武臺)를 거쳐야 했고 그 사이로는 논과 밭이 펼쳐졌다. '자영업자' 연작을 찍으려고 오랜만에 송정역을 가는데 그 많던 논과 밭은 사라지고 쭉쭉 뻗은 넓은 길옆으로 높고 낮은 건물들이 이어지고 있었다. 몇십 년 만인지 햇수도 헤아리기 어렵다. 내가 다니던 학교는 그대로 있는지조차 알 수 없었다. 그러나 그것을 굳이 확인할 생각은 없었다. 행여 사라져 버렸다고 하면 어쩔까 하는 두려움에서였다.

송정역은 현대적인 건물로 바뀌어서 낯설었다. 역 앞 구시장은 현대적인 송정역과는 달리 한동안 사람의 발길이 뜸했음을 짐작할 수 있는 모양새였다. 최근 들어서는 도시재생사업의 일환으로 젊은 상인들이 들어오고 그들의 취향에 맞게 카페나 음식점 들이 들어서며 급히 변모하는 중이었다. 본인의

'자영업자' 연작. 광주. 2016.

뜻은 아니겠지만 옛 취향을 살린 새로운 간판으로 단장한 '우량제분소'로 들어갔다. 인사를 하자마자 "제가 여기 고등학교를 나왔어요" 하고 반가운 마음에 들떠서 이야기를 했지만 늙은 주인 내외는 시큰둥했다. '그래서 뭐 어쩌라고' 하는 식이었다. 참 그렇지. 그래서 어쩌라고. 그래도 '그 학교가 없어져 부렀는디'라는 말이 안 나와서 다행이었다. 하긴 그 학교는 긴 역사를 지니고 있어 끄떡없을 텐데 세상의 변화가 하도 놀랍다 보니 별걱정을 다 하는지도 모르겠다.

주인 할머니는 널판 위에 비닐을 깔고 쑥떡을 버무려서 팥고물 소를 넣고 손으로 반달떡을 만들고 있었다. 참으로 오랜만에 보는 풍경이었다. 지금은 아무리 시골이라도 기계가 다 알아서 한다. "이렇게 손으로 떡을 만드는 것을 보니 참 정겹네요." 할머니는 나를 한심스럽다는 듯이 바라보았다. "아, 이것을 허고 자파서 허요? 기계가 없응께 손으로 허제." 기계를 안 사는 이유는 떡방아 찧는 것이 본업이고 떡 만드는 것은 부업이며 전에는 손님이 없어서 기계를 안 샀고 이제는 땅값이 올라서 생각해 보는 중이란다. "오늘 아침에도 복덕방이 와서 집 폴라고 난리도 아니어. 이제 우리 아들이 알아서 허요. 앞으로 어쩔랑가." 갑자기 무슨 바람이 불었는지 젊은 사람들이 밤낮으로 재래시장에 엄청나게 찾아온다는 것이었다. 사람들이 많이 찾아오니 기계를 사서 떡을 쉽게 만들어 보라고 하자 "인자 우리는 들어앉아야 해라. 늙어서 추접스럽게 장사 허지 말고 들어가라고 허요". 나는 깜짝 놀라서 누가 그러냐고 물었다. "모다(모두) 그라제 누가 그래라." 일일이 설명을 안 해도 알아서 들으라는 식이었다. 땅값이 올라서 좋은지 묻자 "존지 어쩐지도 모르것소" 한다. 무심한 답변이었다. 손으로 만든 반달떡을 사서 먹어 보니 쫄깃한 게 맛있다. 할머니의 고집스럽고 꾸밈없는 삶 덕분에 아직 이런 떡 맛을 볼 수 있다. 다음에 사진을 가지고 오겠다고 인사를 했더니 "그렇게 말한 사람은 수도 없이 많더만 아무도 안 옵디다".

책이라도 들고 한번 찾아가 볼 생각이다. 아직 장사를 하고 계실는지.

제광비디오

우리는 왜 영화 「시네마천국」을 오래 잊지 못하는가? 우리나라 영화도 아니고 또 그렇게 여러 세대를 아우르는 이야기라고도 생각하지 않았는데 의외로 많은 사람들의 가슴속에 남아 있다. 그것은 아마도 우리가 공통적으로 지키고 싶은 그 무엇에 대한 간절한 향수 때문인지도 모른다. 내가 직접 경험하지 않았지만 부모나 그 위 시대에서 삶의 중심을 관통했을 문화를 대접해 주고 싶은 감정 같은 것. 그런 아날로그적인 감성의 시절이 없었더라면 오늘의 문화는 겉치레일지도 모른다는 생각이 들기도 한다. 비디오의 등장은 영화에 대한 낭만을 격하시키는 것이었으며, 그림에서 사진의 등장만큼이나 존재의 위기감을 가져왔다고 여겼기에 「시네마천국」 같은 영화가 주는 감동이 컸다.

비디오의 등장은 일반 시민들에게 획기적인 오락거리가 되었으며 극장 산업의 존폐를 좌지우지할 정도였다. 시간과 여유가 없어 극장으로 영화를 보러 가기 쉽지 않은 처지에서 비

'자영업자' 연작. 전북 전주. 2016.

디오가게는 대형 극장을 집 안으로 끌어들이는 역할을 충실하게 했던 것이다. 오후에 집에 들어가면서 비디오테이프를 빌려 보고 아침 출근길에 가게 문을 열기 전 수거함 박스에 집어넣고 가던 모습도 흔히 볼 수 있었다. 무엇이든지 전성기에는 그 쇠퇴를 짐작하기 어렵다. 지금 젊은 세대에게는 희한하게 들릴 이런 것들이 한 시대를 풍미하던 시절이 있었다. 그런데 그 힘은 영화를 채 따라잡지 못했고 역사에 기록도 제대로 남지 않을 오락물로 사라지고 있다.

'제광비디오'는 사오 년 전 지나다가 문이 열린 것을 보았는데 '자영업자' 사진을 찍으러 다시 가 보니 문이 닫혀 있었다. 완전히 문을 닫은 건가 싶기도 했지만 그 후 두세 번을 더 가서 주인 내외를 간신히 만날 수 있었다. 남편은 사고로 말을 못해서 부인이 대변인 역할을 할 뿐 아니라 실질적인 주인이기도 했다. 틈틈이 수채화를 그리며 소일한다는 남편은 지친 모습이었고 늙은 아내는 뭔가 약간 조급한 낯빛이었지만 다부지고 소신있는 말투였다. 사람이 들어서기도 좁은 가게에 빽빽하게 꽂혀 있는 비디오테이프를 바라보는 부부의 얼굴은 사랑하던 것들을 떠나보내야 하는 아쉬움이 가득했다. '명작은 남겨두고 싶다'는 부인의 말에 어떤 것이 명작이냐고 묻자 남편은 「벅시」를 가리켰고 부인은 '디즈니 시리즈'가 인기가 있었고 구하기 힘들었다고 말했다. 모두가 이들의 손때가 묻어 있는 명작에 속할지 모른다. 지나가는 사람 얼굴이나 구경하려고 가게에 나와 있다는 늙은 부부의 이야기를 들으며, 언제까지 이들의 얼굴이 가게를 지키고 있을지 아쉬운 마음으로 돌아왔다.

할아버지는 베테랑

섬진강 발원지 아래 작은 마을에서 한국전쟁 때 민병대로 목숨 걸고 마을을 지키며 살아왔다는 할아버지의 이야기를 듣다가, 기왕 나선 김에 오늘은 한국전쟁 때 황해도에 살다가 월남한 이창성 할아버지를 만나 보러 가고 싶었다. 2012년 계남정미소 휴관에 앞서 마지막 전시 「할아버지는 베테랑」 자료를 모으러 다니다 만난 분으로 당시 여든 중반이셨으니 아직까지 살아계실지 알 수 없다. '할아버지는 베테랑'이란 제목의 기획전을 연 것은 우연히 마령면 지역에 아직 한국전쟁 참전 용사들이 많이 살아계시는 것을 알게 된 것이 계기였다. 사진과 인터뷰를 통해서 그분들의 힘든 삶을 기억하고자 한 것이다. 특히 이창성 할아버지는 황해도 수안에 살다가 열여덟 살에 한국전쟁이 발발하자 남으로 내려오면서 겪은 일화를 상세하게 이야기했다. 산속으로 숨어 다니면서 배를 곯았던 이야기, 중공군을 만나서 도망친 이야기, 총 한 번 쏴 보지 않은 처지에 사람을 향해서 총질을 했던 이야기, 쫓기다가 미팔군을 만나

‘할아버지는 베테랑’ 연작. 전북 진안. 2012.

서 살 수 있었던 이야기 등등.

팔 년 만에 마을을 찾아가니 시골 마을도 많이 변해 있었다. 마을 입구 폐교에는 '마음수련원'이 생기고 비슷비슷한 골목길이었던 곳에 현대식 주택이 들어서 낯선 분위기였다. 골목 어귀에서 귀촌했다는 분을 만나 물어보니 이창성 할아버지 부부는 몇 년 전에 돌아가셨다고 했다. 서운한 마음을 뒤로하고 산 아래 막다른 동네에 사는 정창엽 할아버지에게로 향했다. 참전 용사 중에는 젊은 편에 속했었고 기억력이 바르고 혼자서도 정갈하게 살림을 꾸려 가시던 분이었다. 마을 가는 길 한쪽으로는 대단위 토마토 하우스가 새롭게 들어서 있었다. 정창엽 할아버지 집 앞에 도착했는데 예전의 풍경과 좀 달라서 두리번거리다가 양철담에 붙어 있는 할아버지의 문패를 발견했다. 아직 살아계신다는 표식이어서 반가웠다. 그런데 입구가 다르고 바로 옆에 새 집이 막 지어진 듯이 서 있었다. 대문이 열려 있어 반신반의하며 들어가니 안에서 사람 소리와 크게 볼륨을 높인 텔레비전 소리가 들렸다. 여러 차례 문을 두드리자 안에서 중년 여인이 고개를 내밀었다. 정창엽 어르신을 만나 뵙고 싶어서 왔다니까 미심쩍은 얼굴로 '아버지가 성치 않으셔서 사람을 만나가기 어렵다'고 말했다. 치매라는 뜻으로 들렸다. 일전에 아버님 사진을 찍은 사람으로 꼭 뵙고 싶다고 재차 요청을 해서 간신히 만날 수 있었다. 할아버지는 나를 보자 단번에 알아보고 반가워했다. 우려와는 달리 아직 깔

끔한 모습을 하고 계셨다. 나를 보자 다짜고짜 국군의날 초청 받아서 갔던 일을 설명하기 시작했다. 계남정미소의「할아버지는 베테랑」전시가 신문에 보도되자 국방부에서 국군의날에 한 분을 초청하고 싶다고 해서 난 정창엽 할아버지를 추천했었다. 함께 갈 사람을 몇 분 더 초청해 달라고 건의했지만, 허용되는 좌석이 한 분이라고 해서 할아버지와 상의를 했더니 가고는 싶으나 진안에서 어떻게 혼자서 아침 시간에 계룡대까지 가겠냐고 거절을 하시기에 그것으로 끝난 줄 알았었다. 그런데 할아버지는 친구분 한 명을 데리고 전날 대전에 가서 잠을 자고 아침 아홉시에 대전시청 앞에 서 있었더니 차로 태우러 와서 국군의날 기념식에 참석하고 왔다고 장황한 이야기를 하시는 것이었다. 나는 처음에는 할아버지가 치매에 걸려서 없던 일을 상상으로 이야기하는 것은 아닌가 하고 의아했다. 그런데 할아버지는 일목요연하게 이야기를 했고 그 당시 전시 신문기사 내용과 내 전화번호도 간직하고 있었다. 딸이 곁에서 있어서 긴 이야기는 못 하고 집을 나왔다. 가까이 사는 딸이 매일 들러서 아버지를 돌보는 모양이었다. 정자나무 아래에서 차를 돌리는데 할아버지가 문밖에 서서 길게 손을 흔들고 계셨다.

수명

개나 고양이를 좋아하지 않음에도 곰실곰실 노는 강아지나 고양이 새끼들을 보면 마음이 가고 사랑스러움을 느끼는 것은 거의 본능에 가깝지 않나 싶다. 하물며 인간을 말함에야. 어린 아기들을 보면 국적을 불문하고 사랑스럽다. 어린 시절에는 안 그래도 없는 집에 동생들이 많아 아이들은 참 귀찮은 존재라고 생각하기도 했다. 또한 어린이들이 다 사랑스럽다는 표현에 동의하지 않는 사람도 있을 것이다. 사람의 취향은 다양하고 또 환경에 따라 다를 수도 있다. 그래도 새 생명은 경이롭고 보호받고 축복받아야 하는 데 이견을 제시하는 이는 없을 것이다. 이에 반해 이 사회의 노인 문제는 심각하기 짝이 없다. 엊그제 텔레비전에서 '인생 백이십 세 시대' 어쩌고 하는 이야기를 듣고 나는 그만 현기증이 나고 말았다. 얼마 전까지만 해도 '백 세 시대'가 요원했고 그렇게 바라는 일은 로또에 당첨될 확률만큼이나 희귀하다고 생각했다. "요새 주위를 돌아보니 구십대 노인들도 수두룩허드라고." 매일 대상포진 후유증으

'낡은 방' 연작. 전북 진안. 2011.

로 신경통이 생겨 고생을 하는 남편이 한 말이다. 나는 남편의 얼굴을 쳐다보았다. '이이는 어떤 심정으로 이런 말을 할까?'

얼마 전 한 노인장이 "세상 오래 살아 봤자 좋은 꼴 못 봐. 얼른얼른 가야 해"라고 하셔 "예, 옳은 말씀입니다" 얼른 대꾸를 했는데 분위기가 싸해지는 느낌이었다. 별 깊은 생각 없이 나 같은 경우 그런 바람이라는 뜻이었다. 그런데 한 살이라도 위인 분 앞에서 그런 말에 선뜻 호응을 한다는 것은 좀 모자라거나 분별력 없는 사람이라는 것을 깨달았다. 그러나 역설적이게도 요즘 세상은 사람의 긴 수명을 바라지 않는다. 사회적으로나 개인적으로 부담스럽게 생각하는 경우가 많다. 사회 시스템이 아이티(IT) 산업 쪽으로 발전하면서 노인들은 너무 무능한 사람이 되고 있다. 그러니 존경받을 수도 없고 경제적으로 자유롭지도 못하고 편견에 사로잡히는 경우가 많아 사회나 가족으로부터 소외당하며 산다. 실상이 이러한데 백이십 세를 운운하는 것은 충격이 아닐 수 없다. 인간이 인간답게 사는 나이는 어느 때까지일까? 그것은 사람에 따라서나 지위 환경에 따라서 다를 것이나 신체적 정신적으로 자립할 수 있는 나이를 의미하지 않을까? 아니 그렇다고 신체적 정신적 질환을 앓는다고 인간의 존엄성을 잃는다고 할 수는 없다. 이건 참 어려운 이야기다. 그러나 사람이 너무 오래 살려고 하면 그 존엄성을 잃을 확률이 커지는 것은 사실이다.

나는 육십이 넘으면서 죽음이 문밖에 대기하고 서 있는 기분이 들었다. 그러고도 십 년 넘게 살고 있다. 화장실 물을 미처 안 내리고 나가려다가도, 설거지통에 그릇을 담가 놓고 나가려다가도 아차, 내가 다시 돌아오지 않을 수도 있겠다 싶어 화장실 물을 내리고 좀 늦더라도 그릇도 씻어 놓고 나간다. 늙으면 죽음을 안고 사는 기분이다. 이런 기분으로 사는 시간이 오래가지 않았으면 하는 바람이다.

고흐와 무슨 상관이세요

지금은 대학에 들어간 손자 녀석이 초등학교 오학년 때이던가? 심심해서였을까, 늙은 할머니가 신기하게도 책도 여러 권 내고, 남들이 생전에 한 번 할까 말까 하는 전시라는 것을 여러 번 열고 심지어는 남의 전시를 매달 여는 것이 납득이 안 갔던 모양이다. "할머니는 사진작가세요?" 어느 날 나에게 진지한 얼굴로 물었다. 나는 갑작스런 아이의 물음에 당황했다. "응? 아, 그렇지. 사진가야." 아이는 여전히 미심쩍어 하는 얼굴이었다. 그 얼굴을 보니 나도 어정쩡해지기는 마찬가지였다. 내가 그럴듯한 사진가라고 내세울 만한 근거는 없었다. 나는 마땅한 설명을 할 수도 없어서 집에 쌓여 있는 책들을 가리키며 말했다. "이게 다 할머니가 만든 책이야." 어느새 나는 자랑스러운 투로 이야기를 하고 있었다. 아이는 더 이해할 수 없다는 얼굴이었다. "할머니, 책이 그대로인데요. 책이 팔리나요?" 나는 탄식이 절로 나왔다. "팔리는 것도 있지" 하고 얼버무리고 지나가는 수밖에 없었다. 녀석은 상대의 약점을 잡았다는 듯

전북 전주. 2017.

이 다그친다. "할머니 사진이 팔리기는 하신가요?" 갈수록 태산이다. 어렸을 때 지 애비 따라서 미국 물을 몇 년 먹고 오더니 좀 달라지기는 했다 싶었지만 이렇게 당돌(?)할 줄은 미처 몰랐다. 아장아장 걸을 때부터 지 어미가 직장을 다녔던 관계로 내가 놀이방에 데려다주고 데려오고 하면서 많이 아꼈던 손자였다. 그때는 아이가 이해하기 어렵겠다 싶은 이야기도 일부러 들려주었던 습관이 있었다. 그것은 어쩌면 아이의 인식 능력을 어른이 과소평가하고 있을지도 모른다는 생각에서였으며, 점점 아이의 이해 난이도가 높아지고 있다는 것을 내 나름대로 느꼈다. 아이와 나는 다른 가족들이 들으면 엉뚱한 헛소리 같은 것을 자주 나누곤 했다. 그래서 그날도 남들이 들으면 아슬아슬한 이야기를 스스럼없이 하고 있었다.

그런데 거기까지 이르자 며느리가 황급히 끼어들었다. "재는 왜 저런대요? 할머니에게 버릇없이. 사진이 팔리고 안 팔리고 네가 무슨 상관이야. 어서 공부나 해." 그래도 녀석은 느물거리며 웃고 있었다. "너, 반 고흐를 아니?" 하고 내가 물었다. 녀석은 그것도 모르겠냐는 표정이었다. "고흐는 생전에 그림을 한 점밖에 팔지 못했단다." 나는 정말 불필요한 말을 덧붙이고 있었다. "그런데 그것이 할머니와 무슨 상관이세요?" 이어지는 녀석의 질문은 나의 뒤통수를 여지없이 후려치는 것이었다.

전북 전주. 2017.

바른쪽

우리 아파트엔 비교적 젊은이들이 많이 산다. 하긴 이사 온 지가 십 년이 넘었으니 그들도 이제 중년을 넘어섰고 아이들 또한 몰라보게 자랐다. 십이층에 사는 쌍둥이들은 어찌나 크는 속도가 빠른지 볼 때마다 "너희들 쌍둥이들 아녀? 몰라보게 컸네" 하고 감탄을 하면 녀석들은 픽 웃는다. '지난번에도 똑같은 이야기하셨어요'라는 눈빛이다. 아이들은 예의가 발라서 볼 때마다 인사를 한다. 오히려 젊은 아빠들이 예의가 없는 경우가 많다. 엘리베이터에서 사람이 내리기도 전에 불쑥 밀고 들어온다. 부딪칠 뻔해도 무신경하게 다가선다. 우리 아파트 앞집엔 아이가 서너 살인 젊은 부부가 같이 입주했다. 그 아이가 고등학교에는 들어갔을 것이니 이제 중년이 되었겠다. 어쩌다 문 앞에서 마주쳐도 먼저 인사를 하는 경우가 없다. 내가 멋쩍게 알은체를 하면 고개만 까딱하고 지나간다. 입주해서 십이 년째인데 좀 심하다는 생각이 들지만 뭐 어쩌겠는가. 세상살이는 각양각색이니 말이다.

나는 쉬는 날이면 건지산에 오르는 일 외엔 집에서 뭉그적거리며 하루를 보낸다. 건지산에 가는 것도 가급적 사람이 많이 안 다니는 시간에 나가지만 날이 춥거나 덥거나 하면 어쩔 수 없이 선선하니 걷기 좋은 시간에 나오게 된다. 그러다 보면 오솔길 같은 외길을 지나게 되고 사람들과 간혹 서로 어깨가 부딪치는 일을 경험한다. 아무리 좁은 길이라도 조심하면 서로 비켜 가게 마련인데 그 좁은 길에서도 두 사람이 나란히 걸어오면서 곁을 내주지 않는 경우가 있다. 어깨가 부딪치면 살짝 기분이 언짢지만 그쪽은 뒤도 안 돌아보고 간다. 비가 와서 땅이 질척거리기라도 하면 이런 모양새는 더욱 뚜렷하다. 마른 땅을 찾아 일 보도 양보 없이 지나가는 경우를 본다. 나는 미리 비켜서 있거나 진창을 걸어가는 수밖에 없다. 이것은 반드시 예의가 있다거나 없다거나 하기 이전에 사소한 배려의 문제이기에 좀 실망스러울 때가 많다.

그날도 건지산에 많은 사람들이 산책을 나왔다. 그 길은 양쪽에 탱자나무가 있어 서로 잘 비키지 않으면 탱자가시에 다치기 쉽다. 야트막한 오르막길에서 나는 아래만 내려다보고 걷고 있었다. 갑자기 코앞에서 한 나이 든 남자와 부딪칠 뻔했다. 놀라서 비켜서는데 그가 말했다. "바른쪽!" 처음엔 무슨 뜻인지 몰라 어리둥절했다. 그가 말한 바른쪽은 오른쪽을 의미했으리라. 즉 내가 오른쪽 보행을 해야 한다는 호통인 것이다. 나는 참 어이가 없고 무례한 사람이라고 생각하고 지나쳤지만 그 뒤로도 좁은 산책로에서 누구와 부딪칠 뻔한 경험을 하면 우선 그 생각이 들어 실소한다. 어쩌면 모든 사람들 스스로가 '바른쪽'을 걷는다고 생각하고 있을지 모른다. 그래서 내가 아닌 상대방이 비켜서기를 바라고 버티는지도 모른다. 조금씩 배려하고 양보하는 길이 '바른쪽' 길이 아닐까 하는 사소한 생각을 하면서 일상의 발걸음을 디딘다.

전북 전주. 2018.

이월의 비

윗녘에는 눈 소식이 들리는데
남녘은 비가 내린다.
젖은 숲은 적막하고
빗소리만 토닥토닥
나무들은 편안한 모습으로
귀를 기울인다.
머지않아 봄이 온다는 소식에
긴 겨울을 같이한 잔가지들을 다독인다.
일찍 서둘러야 하는 매화는
아이의 젖니 같은 봉우리를
살포시 내밀어 본다.
빈 단풍나무 가지에 송알송알 맺힌
물방울은 잔망스러운 일루미네이션.
오늘은 우수(雨水).
건지산을 둘러보고 온다.

2

행복하신지요

기쁨이란 무엇일까, 행복이란 무엇일까. 사람들은 서학동사진관에 찾아와서 편안함을 느끼는지 간혹 묻는다. "이렇게 살면 행복하시겠어요." '이렇게'라는 것이 어떤 것을 의미하는지 정확하게는 모르겠지만 작고 아담하고 예술의 정서가 배어 있고 볕이 잘 드는 한옥에서 느끼는 기운이 아닌가 한다. 나는 "네" 하면 될 것을 굳이 "그렇지도 않아요" 하고 부정을 하고야 만다. 정말 그렇더라도 저들이 원하는 답변을 해 주면 될 텐데, 긴말 나오게 만드는 자신이 딱하다는 생각도 한다. 사실 서학동사진관의 일이 만만치가 않다. 충분한 재력과 필요한 인력 없이 전시장을 꾸려 간다는 것은 안정보다는 늘 불안이 앞선다. 그래서 공간이 가지고 있는 여유를 느끼지 못하고 산다. 그러다가도, 오월 어느 아침에 손바닥만 한 앞마당에 놓여 있는 작은 테이블에 나와 앉아 골목에서 불어오는 산들바람을 맞을 때 느닷없이 행복을 느끼는 경우가 있다. 행복은 사실 이렇게 예기치 않게 다가와 귓불을 살짝 건드리고 지나가기도 한

전북 김제. 2003.

다. 생각하기를 사람은 뭔가 목적을 이루었을 때(삶은 이루어 가는 과정이기에 사실 그것이 목적이 될 만한 것은 별로 없지만) 행복할 것이라고 생각한다. 살다 보면 입학시험이나 취직 시험에 합격하는 일, 진급, 결혼, 출산, 원하는 차나 집을 사는 일 등에 큰 기쁨을 얻기도 한다. 그것이 내내 행복을 주리라 생각한다. 그러나 그것이 과연 행복이었을까, 움켜쥔 손에 느껴지는 그 묵직한 만족감은 돌아서면 모래알처럼 흘러가 버리고 없다.

사진관에 들렀다 간 젊은 일본 아가씨에게서 얼마 전 손편지가 왔다. 서울에서 한국인 친구와 출판사를 한다고 했다. 서학동사진관에 와서 느꼈던 좋은 기운과 나를 만나 나눈 이야기 등에 대해서 예쁜 한글로 또박또박 적어 보냈다. 우리말은 그렇게 유창한 것 같지 않았는데 편지는 한국 사람이라도 잘 쓴 편에 속했다. 그다음에도 한 번 더 편지를 받았다. 봉투에는 태극기, 까치, 하트가 뿅뿅 나는 배경에 소녀가 편지 봉투를 안고 있는 우표가 붙어 있다. (요즘은 웬만한 정성이 아니면 우표를 붙이지 않는다.)

그리고 또 한 아가씨가 들렀다. '박보영'같이 작고 귀엽고 예쁜 모습의 그녀는 직장을 그만두고 제주도를 거쳐 남도 여행을 하다가 들렀다고 했다. 그녀는 제주도 민박집을 운영하는 싱어송라이터인 주인의 시디(CD)를 건네주며 심심할 때 들으라고 했다. 마음이 편하고 좋은 음악이라고. 나도 누군가가 내 책을 사서 선물하면서 이런 말을 해 주면 행복하겠다는 생각이 들었다. 며칠 후 그녀의 모습만큼이나 작고 예쁜 글씨로 적힌 편지가 도착했다. 내용을 읽기 전에 나는 먼저 반했다. 봉투까지도 어찌나 정성스런 글씨와 서학동사진관 로고를 예쁘게 그려 놨던지. 어쩌다 물이 몇 방울 튄 봉투를 손수건으로 정성스레 닦으며 누군가를 행복하게 하는 일에 대하여 생각해 보았다.

이른 봄날

삼월 초순이다. 며칠 사이 완연한 봄날이 되었다. 올해 유난스런 강추위로 수도관과 보일러가 터지고 한강물이 북극바다처럼 얼음으로 뒤덮였던 겨울은 이제 물러가는 듯싶다. 두터운 외투를 세탁해서 들여놓고 겨울 동안 실내에 간직했던 화분을 내놓고 봄을 기다린다. 그래도 한두 차례 찾아올 꽃샘추위를 염두에 두어야 한다. 건지산에 오르니 마른 풀 속에서 고개를 내민 나무줄기가 푸른빛을 머금고 있는 것이 뚜렷해 보였다. 가까이 다가가 보니 새싹을 몸 밖으로 내미는 놈도 있었다. 모두들 눈치를 보고 있는 모양새다. 지금쯤 바깥세상으로 나가도 될까? 아니 사월에도 봄꽃 위에 눈이 내렸지 않은가. 조금 기다려 보지 뭐. 아, 이렇게 좋은 날에는 새싹을 틔우고 싶은데 말이야. 수런수런하는 움직임이 보인다. 산까치가 날아와서 재촉한다. 야, 너희들 빨리 나와 봐! 이제 봄이란 말이야. 그중에서 가장 깡이 센 찔레꽃이 새잎을 빼꼼히 밖으로 내밀어 본다. 아! 괜찮은데, 역시 세상 밖은 시원해. 그래도 다른 나무들

전북 전주. 2016.

은 잎을 못 내밀고 눈치만 보고 있다. 건너편 밭에서는 매화가 운명 같은 꽃봉오리를 밖으로 밀어 올리느라 애간장이 타고 있었다.

지나가던 노인이 발걸음을 멈추고 매화나무와 찔레나무 줄기를 바라다본다. "세상 살면서 추위도 겪어 봐야 한다." 아직 패딩 점퍼를 입은 노인은 세상 좀 살아 본 얼굴로 알은체를 한다. 순간 숲이 고요해진다. 산까치도 날아가 버린다. 노인이 지나가자 숲은 다시 수런거리기 시작했다. 들쥐 새끼처럼 작은 콩새들이 콩 볶듯이 땅에서 콩닥콩닥 솟아오르더니 소낙비 같은 소리를 내며 우르르 편백나무숲 속으로 몸을 날린다. 건지산의 이른 봄날이다.

전북 전주. 2015.

창은 동으로 내겠소

집을 갖는다는 것은 몸이 위로받을 공간을 얻는 것이라 할 수 있다. 살아 있는 몸엔 영혼도 따라갈 터이니 집은 사람의 영혼과 몸을 쉬게 할 수 있으리라. 연일 뉴스에는 강남아파트가 수억 원씩 오르고 강북이 따라서 오르고 있다는 소식이 들린다. 지방에서 겨우 집 한 채 갖고 사는 사람들이 어떤 심정으로 저 소식을 듣고 있을지 환히 짐작이 간다. 어디 그뿐이겠는가. 대도시에 살아도 그만 못한 집 한 채 갖는 것조차 그림의 떡인 사람들은 또 어떠하랴.

내가 어렸을 때는 지금보다 삶의 조건이 훨씬 나빴었다. 집을 갖는다는 것은 많은 사람들에게 일생의 꿈이었다. 단칸방에서 가족 모두가 얼굴을 맞대고 발을 포개며 잠을 자야 했으며, 그것도 육 개월을 기한으로 설정해 놓고 집주인이 맘에 안 들면 쫓아내기도 하던 시절이었다. 집을 계약할 때 아이들이 많으면 세를 내주지 않으니, 아이 중 한두 명은 숨어 있다가 이사 가는 날 슬그머니 묻어 들어와 주인에게 봉변을 당하기도 했다. 이런 세상을 겪은 사람들에게 자기 집을 갖는다는 것은 '사람답게 살 수 있는 기본 조건'을 갖추는 일이었다. 그러던 것이 이제는 명문대학으로 가는 지름길인 학군과, 한강 조망권까지 곁들여지며 사람들이 혈안이 되어 가고 있다. 그렇다고 그 '부차적인 조건'이 더 상위의 조건이라고는 할 수 없을 테다. 문제는 그것이 돈과 연결되어 있으니 자본주의 사회에서 그 난리가 아니겠는가.

나는 어른이 되면 꼭 내 마음에 드는 집을 지어 살고 싶었다. 크기는 상관없이 마당이 있고 남향에 창은 동쪽으로 내고 싶었다. 나의 야무진 첫번째 소원은 계남정미소를 사서 고치는 일이 되었다. '고쳤다'고 표현했지만, 뼈대만 있는 것을 집으로 만들어내는 일이었다. 아는 사람은 알겠지만 계남정미소는 집이라기보다는 전시공간이다. 아무튼 고생 끝에 완성된 공간은 북향이어서 빛은 보기 어렵고 겨울은 호되게 추웠다. 더구나 구조상 동쪽으로 창을 낼 수 없어서 천창(天窓)을 내는 일로 만족했다.

그다음으로 집을 고친 것이 서학동사진관이었다. 마당 안으로 하루 종일 적당한 햇볕이 들어오는 기분 좋은 남향에 자리 잡은 한옥이다. 더욱이 이곳은 여러 사람이 즐길 수 있는 전시공간이어서 '적당한 햇볕'이 얼마나 위로가 되는지 찾아오는 이들과 함께 온몸으로 느낄 수 있다. 창문이 동쪽으로 나 있진 않지만 다행히 작은 휴게실 유리문이 동쪽을 향해 있어서 아침에 떠오르는 햇살의 정기를 받을 수 있다. 사는 집은 아니지만 이만하면 내 어릴 때의 소원이 이루어진 셈이다. 내 몸과 영혼이 쉬기에 충분하다 할 수 있으니.

전북 전주. 2018.

도시락

나는 어렸을 때부터 꼭 하고 싶은 것이 두 가지 있었다. 하나는 순전히 나를 위해 마련된 책상을 갖는 일이었고, 다른 하나는 도시락을 친구들 앞에서 자랑스럽게 내보일 만큼 잘 싸 가는 일이었다. 어려서 공부한답시고 장판방에 쪼그려 앉는 곳은 맨방바닥이었거나 밥상이 전부였다. 중고등학교 다닐 때는 내 방이라는 것이 없었으니 책상이 따로 있을 리 없었다. 대학을 다닐 때도 어디서 남이 쓰다가 물려준 책상 같은 것을 방 귀퉁이에 간신히 놓는 식이었다. 성인이 되어서도 가족이 쓰다가 물리친 책상을 써 왔다. 내게 책상은 자아의 성취 같은 것이어서 순전히 나를 위해서 마련하고 싶었지만 어른이 되어서는 오히려 새삼스러운 일이 되어 버려서 미루어 오던 것을 오십쯤에 마음먹고 큰 책상을 사게 되었다. 그러면서 온전히 내 일에 몰두할 수 있었다.

어린 시절 사용하던 알루미늄 도시락은 늘 찌그러져 있었다. 겨울에는 반 아이들이 난로 위에 도시락을 겹쳐서 올려놓고 맨 아래 것이 타는 낌새가 들면 위에 것을 아래로 바꿔 가면서 점심시간을 기다렸다. 도시락밥은 이미 시큼한 김칫국물이 흘러서 떡이 지고 볼썽사나워져서 남 앞에서 열어 보기가 민망했지만 대개가 다 그러니 서로 못 본 척했다. 그것도 쌀밥이면 좋겠는데 잡곡이 대부분이었다. 박정희 정부 때는 잡곡밥 장려로 매일 도시락 검사를 했기에 명분(?)이 섰다고나 할까. 어쩌다 부잣집 아이가 소고기 장조림이나 계란 반찬을 싸 오면 부러운 눈길로 건너다볼 뿐 감히 젓가락은 대 보지 못했다. 그나마 도시락도 못 가져온 아이들도 있었다.

망해 가고 있던 우리 집도 아이들 도시락에 신경을 쓸 겨를이 없었다. 그런데도 그 와중에 워낙 입이 까다로웠던 나는 가끔 반찬 투정을 하며 도시락을 안 싸 가는 날도 있어 어머니의 속을 썩였다. 돼먹지 않게 입맛이 까다로운 것은 돌아가신 할머니가 너무 애지중지하게 키운 탓이라고 가족들은 생각하고 있었다. 심지어는 그래서 키가 안 큰 것이라고 생각했다. 그런데 역설적이게도, 어른이 되어서 회사에 다닐 때 밖에서 사 먹는 밥보다 도시락이 편해서 도시락을 싸 들고 다녔다. 그러면서도 언제나 반듯한 도시락에 대한 기대를 저버리지 못하고 있었는데 보온도시락이 나오면서 다시 도시락에 대한 꿈이 깨지고 말았다. 보온도시락은 처음에는 구미가 좀 당겼지만 밥이 원통 안에서 다져지는 것이 싫었고 왠지 도시락다운 정서가 없어서 도시락 싸기를 그만두었다.

지방에서 잡지를 만드는 남 기자는 모든 기사를 발로 뛰면서 취재를 하고 있다. 이 시대에 책을 만드는 일, 특히 지방에서 제대로 된 잡지를 만들어 간다는 것은 명분을 넘어서 운명과도 같은 일이다. 그와는 계남정미소 문을 열면서 취재 온 일로 알게 되었는데 모든 대상을 존중하는 그의 품성을 나는 좋아한다. 하지만 서로가 바빠서 일 년에 한두 번 얼굴을 볼까 말까 한다. 그런 그이가 지난가을에 나오시마에 다녀왔다고 예쁜 나무도시락 하나를 보내왔다. 보석함이라고 해도 부족함이 없을 정도로 도시락이 너무 예뻐서 차마 사용하지 못하고 간직해 두었다. 어제는 산에 사는 지인이 뜯어 준 취나물과 두릅 몇 개를 부쳐서 도시락에 담아 보았더니 이제야 내 소원은 이루어진 듯싶다. 오늘 이 도시락을 들고 서학동사진관으로 출근을 한다.

전북 김제. 2018.

함께 산다는 일

몇 번을 말하지만 나는 개나 고양이 등의 동물을 좋아하지 않는다. 그렇다고 뭘 그리 강조할 필요가 있느냐고 말할 것이다. 이 점이 빼놓을 수 없는 중요한 이야기이기 때문이다.

아무리 보아도 위압감이 들 정도의 높은 아파트나 고급주택 하나 버젓이 없는, 그저 고만고만한 낮은 건물이 어깨를 맞대고 사는 작은 동네에 고양이가 많이 산다는 사실을 서학동에 들어와서야 알았다. 검은 털에 칠흑 같은 눈을 번득이는 놈, 호피무늬의 털을 자랑하는 거만한 놈, 순백의 우아한 자태를 뽐내는 놈, 바둑무늬의 수수한 놈. 참 각양각색의 고양이들이 담과 지붕을 오르락내리락 활보를 치고 다닌다. 심지어 옆집과 맞댄 지붕 사이 물받이 안쪽은 그들의 본거지라도 되는지 밤낮으로 우르릉쿵쾅 난리도 아니다. 겨울이 오면 일이월 서학동사진관은 휴관을 한다. 그래도 일주일에 한두 번은 나와서 수도나 가스관이 동파가 안 됐는지 점검을 하고 간다. 서학동사진관은 남향이고 건물이 감싸 앉는 구조를 하고 있어 한겨울에도 마당이 따뜻하고 조용하다. 그곳에 늘 고양이 한 마리가 낮잠을 즐기고 있다. 내가 대문을 열고 들어서면 나를 한번 흘깃 쳐다보고는 불청객에게 던지는 낯빛을 하고 어슬렁거리며 자리를 피한다. 내가 왠지 미안한 입장이 되곤 한다.

다음 해 봄 앞마당 데크 아래서 엄지손 마디만 한 쥐새끼들 여러 마리가 기어 나와서 마당을 기어 다니기 시작했다. 나는 참 난감하지 않을 수 없었다. 휴게실에 앉아서 손님들과 이야기를 하다 보면 새끼들이 날마다 커 가며 이제 담벼락 위며 대문 위에 올라가 뽈뽈거리는 꼴이 참 가관이었다.

그런데 어느 날 대문을 열고 들어서니 바로 발 앞에 죽은 쥐새끼 두 마리가 놓여 있었다. 나는 기겁을 했다. '이런 괘씸한 고양이들 같으니라구, 이제 하다 하다 쥐까지 죽여서 물어다 놓아!' 몹시 불쾌한 생각이 들었다. 그리고 그다음 날도 그런 일이 벌어졌다. 나는 화가 나서 찾아오는 지인들에게 그 이야기를 했다. 한 지인이 말했다. "고양이가 주인에게 잘 보이려고 하는 짓인 것 같아요." '그럼 내가 오해를 한 것인가' 하고 생각을 고쳐먹기로 했다. 그 뒤로 쥐는 시나브로 없어졌다.

그런데 이삼 주 전쯤 앞마당 데크 아래, 바로 그 구멍 안에서 얼룩무늬 새끼 고양이 두 마리가 빼꼼히 얼굴을 내밀었다. 아뿔사! 나는 또 난처하기 짝이 없었다. '저걸 어쩐다냐.' 엊그제는 마당에 나와서 조금 놀다 들어가는 모습이 보였다. 저것들에게 무엇이라도 갖다주고 싶은데 '그러다 나한테 빌붙어 살려고 하겠지' 하는 생각에 '뭐 지들도 어떻게 알아서 살아가겠지, 내가 끝까지 책임질 수도 없는 일이고' 하곤 잊기로 했다. 오늘은 휴관인데도 손님이 온다고 해서 나갔다가 화장실 문을 열고 물청소를 했다. 그런데 새끼들이 나오더니 바닥에 고인 물을 핥아 먹는 것이었다. '아이고 저런!' 찬찬히 보니 배가 홀쭉했다. 그릇에 물을 담아서 그들이 드나드는 구멍 앞에다 놓았다. 잠시 후에 보니 물그릇이 말끔히 비워졌다. 나는 이제 고민이 깊어졌다.

동네 지인에게 고양이 먹이를 좀 달라고 해서 얻어 왔다. "이제 그 고양이들 키우셔야겠네요." 지인이 내 뒤통수에 대고 한 말이었다. '내가 돌봐야 하는 것들.' 걱정이 아닐 수 없다. 사실 나는 나 스스로도 돌보는 일에 익숙지 못한 사람이다. 그래도 집에 돌아와서 새끼 고양이는 한 끼에 어느 정도 먹이를 줘야 되는지 등이 궁금했다. 그 고물거리는 놈들이 눈에 아른거리기 시작했다.

전북 진안. 2009.

세안도(歲安圖)

설이 가까워 오는 벌판은 맨땅의 기운이 차갑고 철새도 없는 빈 하늘에 참새 떼만 몰려다닌다. 낯익은 동네를 지나는데 빈 모징 옆에 낙엽 떨군 정자나무가 허허로이 서 있다. 당치도 않게 추사 선생의 세한도(歲寒圖)가 떠오른다.

여름엔 모정이 늘 시끌벅적하다. 아예 솥단지를 걸어 두고 아침부터 해질 때까지 동네 사람들이 모여서 논다. 진안은 산골 마을이 많아서 십여 년 전까지만 해도 삼베를 짜고 엿을 만들어 팔았던 마을이 있었다. 군불을 땐 방이라고 해도 윗목은 웃풍이 세서 손이 시렸다. 동네에서 몇 남은 할머니들이 삼실을 허벅지에 비비느라 굳은살이 배긴 것은 물론 온몸이 동태처럼 얼어 버린 것도 모르고 살았던 것이 엊그제 같기도 하다. 이제는 모두 늙고 이가 빠져서 일을 못 한다. 여름에 모정 앞을 지날 때면 몇 년 전 어르신들 영정사진을 무료로 찍어드린 것을 잊지 않고 늘 밥 먹고 가라고 손짓을 했다. "오늘은 국수 삶았어라우." 그런가 하면 또 하루는 "옥수수 삶았는디 한 개 묵고 가시오" 하고 손짓을 했다. 하루는 계남정미소에 출근하는 나를 붙잡아 놓고 한 할머니가 물었다. "그 짓을 왜 허고 다닌 게라우?" 내가 딱히 대꾸할 말이 없어 웃고 있었다. 그러자 동네 사람들이 오늘은 한번 그곳에 구경을 가자고 즉석에서 합의를 보는 것이었다. 동네 어른들이 이렇게 쉽게 결론을 내리는 것은 드문 일이다.

그 양반들은 마을 이장이 끄는 일 톤 트럭을 타고 계남마을로 향했다. 시골은 남의 동네일이라도 거울 보듯 들여다보고 있어서 우리 동네 사람들보다 내가 하는 일을 더 자세히 알고 관심도 갖고 있었다. 오히려 우리 동네 사람들은 계남정미소에 구경 오는 관람객들에게 "뭐 볼 것이 있다고. 볼 것도 없어라" 하고 심드렁한 적이 많았다. "그러면 우리 동네로 이사 오시오" 하고 다른 동네 사람들이 나를 거들기도 했다. 계남정미소 전시장을 한 바퀴 구경하더니 다시 물었다. "근디 이것 하면 지비한데 뭔 이득이 생기요?" "아따. 여기서 뭔 돈을 벌것소?" "긍께 말이요." 모두들 한마디씩 주고받는다. "그러니 이것이 팔자지라." 마지막 말은 이장이 한 이야기였다. 아무튼 이들이 단번에 마음을 모아서 계남정미소 구경을 왔다는 것은 그만큼 관심이 있다는 것 아니겠는가. 그 뒤로 한 겨울이 지나고 여든이 넘은 경수 양반이 안 보여서 안부를 물었더니 "지난겨울 잠잔 듯이 돌아가셔 부렀어라" 일상의 이야기처럼 말한다.

이렇듯 세안도는 추사 김정희라는 천재 화가의 고뇌나 회한, 고독과 인생무상을 담은 화폭과 상관없는, 낡은 모정에 결기 어린 소나무나 잣나무도 아닌, 느티나무의 앙상한 가지가 드러난 객쩍은 풍경이다. 그래도 왠지 이날은, 모정을 둘러싼 풍경을 바라보면서 편안한 세상을 꿈꾸는 사람들이 다녀간 흔적들을 느낄 수 있었다.

경남 하동. 2013.

축하화분

지금은 그리 흔치 않은 풍경이지만 전시장 앞에는 화환이나 화분이 줄 서 있는 경우가 있다. 지역 원로급 인사들이나 그 가족이 전시를 하는 경우에 이런 풍경을 자주 보게 된다. 그간의 친분과 이해관계 등이 작용한 것이다. 심지어 이런 인맥을 일부러 과시하거나 이것을 자못 부러워하는 사람들조차 있다.

몇 년 전 한 의사가 서학동사진관에 개인전을 연 적이 있었는데 그날 골목에 화환이 넘치고 화분이 줄을 이었다. 제약회사, 약국, 동문 등. 화환은 비좁은 사진관 안으로 다 들어갈 수가 없어서 골목에 줄을 세워 놓으니, 하루 이틀도 아니고 골목 사람들의 불평이 흘러나왔다. 그리고 결혼식장도 아니고 이 현란한 꽃들이 리본을 펄럭이고 있으니 전시에 전혀 도움이 되지 않았다. 이 와중에 어떤 꽃 배달원한테는 심한 봉변을 당하기도 했다. 우리 사진관은 골목 안에 자리하고 있으니 내비게이션을 찍고 와도 차가 사진관 주변 도로를 뱅뱅 돌게 된다. '서학로 16-5(실제 주소는 16-17)'로 찍으면 골목 입구에서 멈추게 되는데 그것을 일일이 말할 수 없어서 고민을 많이 했다. 세월이 지나서 점차 알려지고 이제는 휴대폰에서 검색하면 위치가 나오니 이런 실수는 드물다. 아무튼, 그때는 꽃 배달원이 화분을 들고 오면서 고생을 한 모양이었다. 들어오자마자 나에게 다짜고짜 화를 내는 것이었다. “뭐 이런 게 있어요? 골목 안에 숨어 가지고 찾을 수가 있어야지. 나 참 재수가 없으려니까.” 나는 어이가 없어서 화분을 받을 수 없으니 다시 가져가라고 돌려보내 버렸다. 그는 돌아가면서 심한 폭언까지 했다. 이런 극단적인 예가 아니더라도 전시장에 들어오는 화환이나 화분은 처치 곤란인 경우가 많다. 그렇다고 이런 축하 인사를 뭉뚱그려서 모두 겉치레라고 단정할 수만은 없겠지만 말이다.

다만 보내는 사람이나 받는 사람이나 마음을 써야 하는 일이다. 주는 사람 이상으로 받는 사람도 마음의 짐이 되어 그 답례에 신경을 써야 한다. 그럴 바에는 전시장에 찾아와서 격려 차원에서 작가의 책이라도 한 권 사 주는 것이 더 효과적이지 않을까 하는 생각이 든다. 특히 전시장을 운영하는 내 입장에서는 화분이 들어오면 전시가 끝나고 처분하는 일도 여간 힘이 드는 일이 아니다. 때로는 시들어 버린 화분을 작가들에게 다시 싸 가지고 가라고 말하기도 난처하다. 그래서 내 전시나 남의 전시나 전시장에 화분을 들고 오면 대놓고 마뜩잖은 얼굴을 하고야 만다. 어떤 사람들은 내가 꽃을 싫어해서 그러는 줄 안다. 나도 간혹 정성을 다해서 꽃다발을 안고 오는 이의 마음이 고맙고 반갑기도 하다.

가까운 사람들은 이런 나의 심경을 알아채고 내 전시에 화분 같은 것은 보내지 않는다. 그런데 엊그제 아침에 사진관에 나가 보니 화려한 꽃이 핀 서양 난이 '전시 축하드립니다. 진안 아무개'라고 리본을 달고 나를 기다리고 있었다. 나는 그 이름이 낯설었다. 그가 누구기에 나에게 이런 화분을 보냈을까? 곰곰 생각해 보니 진안 계남정미소에 자주 왔던 김 기사였다. 그는 근처 양수장 관리인이었기에 그 앞을 지나며 정미소를 찾던 단골손님이었다. 김 기사는 사진이 취미라고는 했지만 사진기를 든 모습은 볼 수 없었다. 그는 꼭 사진이 좋아서 계남정미소에 들렀다기보다 자기가 잘 아는 정미소가 새로운 모습으로 변한 것이 좋았던 모양이다. 계남정미소가 거의 문을 닫다시피 해서 연락이 끊긴 지도 십 년이 넘었는데 그가 어찌 내 「감자꽃」 전시를 알고 화분을 보냈을까? 나는 처음으로 화분을 받고 감격했다.

그는 계남정미소를 잊지 않고 있는 것이다.

전북 임실. 2010.

늘 꽃

사진을 찍으러 다닐 때 소재를 정하고 나서는 일이 많아서 소재와 맞지 않는 것은 그냥 지나쳐 가는 경우가 있다. 그날도 오래된 가게를 찾아 나섰다가 몇 군데 못 찍고, 돌아오는 길에 강진장(전북 임실)에 들렀다. 이제는 명목만 장날이다 싶을 만큼 오일장은 오전만 반짝하고 점심 후부터는 벌써 파장 분위기다. 장터를 둘러보고 국수 한 그릇을 사 먹고 돌아오는 길이었다. 길가에 유독 붉은 맨드라미가 탐스러운 집 앞을 지나가는데 꽃 사이에 한 할머니의 모습이 스쳐 지나갔다. 한참을 지나쳐 온 후에 그 할머니를 다시 보고 싶다는 마음에서 차를 돌렸다. 할머니의 집은 큰길가에 붙어 있는 오래된 가게였다. 이미 오래전에 가게는 문을 닫고 그냥 살림집으로 사용하는 듯했다. 원래 국도로 차가 많이 다녔지만 마을 앞으로 큰 우회도로가 생기면서 차들은 그쪽으로 달리고 사람의 발걸음도 잦아든 동네가 되었다. 할머니는 맨드라미 꽃 속에 홀로 앉아 있었는데 할머니의 능청스런 모습이 웃음을 자아냈다. "할머니도

꽃이세요." 다큐멘터리 사진을 혼자서 오래 찍으러 다니다 보니 사람들과 소통하는 방식에 익숙하다고 할까, 스스럼없는 대화를 많이 하는 편이다. "하하하 꽃은 무슨…." 할머니는 낯을 붉히며 웃었다. 맨드라미 꽃은 고무통 안에서 닭 벼슬처럼 탐스럽게 피어 있었다. 그 옆 스티로폼 상자에는 파며 열무가 소담하게 자라고 있었다. 거기다 족두리 꽃까지 활짝 피어 할머니의 일상을 환하게 밝히고 있었다.

어른들은 어쩌면 이렇게 땅을 아낄까. 이렇게 앞마당이 없는 집에서조차 남이 버린 스티로폼 생선 상자에, 고무통에 흙을 담아다가 씩씩하게 식물들을 키우고 있다. 예전에 어느 문학가가 전원주택을 사서 마당에 잔디를 심었더니 마을 사람이 그러더란다. "아까운 땅에다 저런 쓸데없는 풀을 심어서 뭐 할려고." 먹물깨나 든 사람들은 말한다. "세상은 쓸데없는 것이 있어 더 아름답다고." 마당에 콩이나 마늘을 심지 않고 잔디를 키우는 일도 충분히 멋있다고 여긴다. 그런데 할머니의 앞뜰은 땅 한 평 없이도 정말이지 '쓸데있는' 파나 열무를 기르면서, 잊지 않고 맨드라미나 족두리 꽃도 가꾸고 있어 그 조화가 눈부셨다.

"할머니가 꽃 속에 계시니까 꽃이 더 사네요."

"나는 늘 꽃이어라—" 말하고 나서 할머니는 수줍게 웃었다.

오월의 장미

화창한 오월이었다. 그날도 계남정미소로 출근을 하는 날이었다. 전시관에 매단 둥근 알전구가 싸구려 제품이어서 그런지, 아니면 정미소의 고압전력 때문인지 수시로 촉이 나가 버려서 면소재지 전파상에 들렀다. 전구는 중국 제품으로 두 개에 천 원이었다. 주인 할아버지는 무뚝뚝한 노인이었다. 천 원어치 물건을 팔려고 몇 번 일어섰다 앉았다 하기가 번거로워서였을까, 말없이 전구를 건넸다. 노인의 등 뒤로 낡은 텔레비전이 보이고 화면에 속보가 떴다. '노무현 전 대통령 뒷산에서 실족사' 자막이 크게 비쳤다.(처음엔 그렇게 보도가 되었다.) 나는 가슴이 철렁 내려앉았다. "지금 저게 무슨 소리예요?" 할아버지는 최소한 그 소식을 이미 들은 것 같았다. "글씨, 나도 뭔 소린지 당최 모르겄네요." 할아버지와 무거운 눈빛을 교환하고 가게를 나와서 정미소로 가는 동안, 라디오를 켜고 뉴스를 듣기 위해서 주파수를 이리 맞추고 저리 맞춰도 시골이라서 그런지 잘 안 잡혀서 안달이 났다. 면소재지에서 정미소까지 약 이 킬

전북 진안. 2012.

로미터 정도의 길인데 차창 밖으로 보이는 주위의 풍경이 하얗게 바랜 느낌이었다. 그 와중에 마을 앞을 지나는데 담장에 핀 넝쿨 장미만이 붉고 선연하게 눈에 들어왔다.

그것은 어쩌면 오일팔을 겪고 나서 마음에 담아 둔 정서적 환유였는지도 모르겠다. 나는 광주 출생이면서도 일찍이 타지에 나와 살고 있어 오일팔 당시 무슨 일이 벌어지고 있었는지조차도 잘 모르고 있었다. 그러기에 그 애타는 속사정을 일일이 알지 못했다. 그 후로도 생활이 우선이라는 핑계로 잘 알려고 하지도 않았으며 세월이 흘러서 눈 맑은 자들의 노고로 그 전말이 밝혀질 때까지도 무심히 지냈다. 그러나 누군가에게 차마 못 할 일을 맡겨 두고 모르는 척 하고 지내는 일인 것 같아 양심 어딘가는 묵직한 돌멩이를 달고 사는 일이었다. 그러다가 오월이 되면 남의 집 담장에 핀 넝쿨 장미를 보면서 무너진 가슴을 쓰다듬게 되었다. 빛나는 계절인 오월과 무심한 넝쿨 장미의 뜻 모를 조합이 나를 오래도록 가슴 저리게 했다.

느닷없는 비보를 듣고 정미소로 가던 그날도 넝쿨 장미가 선연히 붉게 피어 있었다. 나는 소위 말하는 '노빠'는 아니었지만 그가 대통령 선거에 나왔을 때 일금 오만 원을 정치후원금으로 냈다. 나는 이승만 초대 대통령부터 살아와서 삼일오 부정선거, 오일륙 쿠데타, 박정희 유신독재, 전두환 군사독재 정권을 겪었기에 정치에 신물이 나는 사람이다. 그래서 한 정치가에게 순전한 기대를 걸며 거금(?) 오만 원을 투척하면서 '좋은 지도자' 한번 만들어 보자고 나선 것은 적어도 나의 삶 속에서는 특이한 사건이었다. 그가 대통령에 당선되고 난 후 정치인으로서는 '아마추어적이다' 싶은 점이 없지 않아서 실망감을 느끼기도 했다. 그러나 퇴임 후 고향에 내려가서 볏논에 오리를 키우며 농민으로 살아 보겠다고 밀짚모자 쓰고 건강하게 웃는 모습을 보여 줄 때 아직 끝나지 않은 희망 같은 것을 느꼈었다. 약간의 감상적 요소가 있다고 할지라도 한 지도자가 평범한 시민으로 살아가는 모습을 처음 지켜보기에, 우리도 이 정도 의식수준까지 왔다고 말하고 싶었던 바로 그런 시간 속에 있었었다.

나는 아파트 일층으로 이사를 오면서 넝쿨 장미 한 그루를 사다가 창밖 베란다 아래 심었다. 오월이 되면 어김없이 창문 틈새로 넝쿨 장미가 얼굴을 내민다. 잊을래야 잊을 수 없는 오월의 초상. 오월이여 안녕. 무심한 시간들이여 안녕.

뜨거운 오후

석양이 긴 그림자를 드리우는 시간은 아직 멀었다. 목마른 너희들에게 다가가는 그늘은 왜 이리 늦장을 부리는지. 아직 화분의 흙이 마르지 않았기에 물 주는 일을 오후로 미룬 사이 칠월의 땡볕은, 가지를 뻗고 꽃을 피우며 한참 발육을 서두르는 너희들의 잎사귀를 바싹바싹 말리고 있었다. 땡볕에서 물을 주면 여린 잎과 꽃이 고스러지고 만다 하니 저 맞은편 담벼락의 그늘이 너희에게 다가설 때까지 기다려야 하는 것인가.

사무실에 들어앉아 강렬한 햇볕을 응시하고 있었다. 괜히 일이 손에 잡히지 않았다. 며칠 전 광주에 갔다가 만난 아는 잡지사 기자가 슬그머니 내 가방 속에 밀어 넣어 준 책을 펼쳐 들었다. 광주 오일팔 항전을 겪으며 아프고 분노하고 조금씩 뒷걸음치기도 했을, 그럼에도 광주 시민이 이루어낸 위대했던 삼십칠 년 전의 역사를 겪은 한 사내가 그 아픔을 수줍게 고백하는 『스무 살 도망자』라는 책이다. 첫 페이지부터 청년의 고

전북 전주. 2018.

백이 내 마음을 붙들고 놓아주지를 않아서 그대로 책장을 덮을 수가 없었다. 그래도 나는 바깥에서 고스러지고 말 꽃들을 잊지 않으려고 애썼다. 뜨거운 바깥을 들락날락거리며 빨리 물을 줘야 한다는 생각과 조금만 더 그늘을 기다려 보자는 마음으로 생각이 뒤죽박죽이었다. 비록 과거사라지만 그리 오래전 일도 아니다. 독재 군부는 국가 권력을 내세워 무고한 시민을 향해 발포를 한 것이다. 그것도 도시 전체의 선량한 시민을 대상으로. 나는 또 시들어 가는 식물들을 걱정한다. 화단이랄 것도 없이 사진관 담벼락 아래 화분 두어 개, 빈 페인트 깡통 몇 개에다 꽃을 심어 둬서 여름에는 자주 물을 주지 않으면 어느새 축 늘어지고 만다.

나는 전남 광산군에서 태어났는데 그 후 광주시에서 살다가 열여덟 살에 서울로 올라갔고, 이미 그곳에 일가친척도 남아 있지 않았다. 내가 당시 서울에 올라가서 광주 사람으로서 받은 '대우'는 광주 사람임을 절대 잊지 않게 만들었다. 전라도 사람들은 '뒤끝이 흐리다'는 말 속에는 여러 의미가 있었다. 변절자, 거짓말쟁이, 사기꾼 등등, 그리고 빨갱이라는 꼬리표와 함께. 나는 그것을 이겨내려고 애썼고 당당함으로 그들과 맞서고자 노력해 왔다. 그렇지만 1980년에 이미 나는 광주를 떠나 있었고 타인들 속에서 무책임한 방관자로서 밥 편히 잘 먹고 지내며 남 이야기하듯 조작된 뉴스를 들으며 살아왔다. 현장에서 목숨과 바꿔 가며 민주화를 이뤄낸 광주 시민들에게 빚을 지고 산 것이다. 그래서 지금의 나는 '내가 광주 사람이구만이라—' 말하기가 부끄럽다. 더불어 그것을 이겨낸 이들이 장하고 부럽다.

아, 다섯시가 되면서 그늘이 꽃들을 향해 가까이 다가오고 있다. 여린 잎들은 숨이 넘어가고 있다. 아직 그늘이 너희들을 감싸 주지는 않지만 더 기다릴 수 없으니 이제 물을 흠뻑 주마. 수도꼭지를 연결해서 물을 뿌려 주었지만 화분의 얇은 흙은 촉촉해질 줄을 모른다. 내일과 모레 휴관이라 못 나올 텐데 어떻게 하니? 그동안에 소나기라도 뿌리고 가지 않으면 다 말라 죽겠네. 그래도 너희는 스스로 살려는 의지를 가지거라. 나는 안다. 누군가가 너희를 살리는 것은 극히 작은 부분이고 너희 스스로의 의지가 너희를 살린다는 것을. 아직도 뜨거운 열기가 남아 있는 골목을 빠져나오며 담벼락에 매달려 있는 페트병 화분에 손을 넣고 흙을 만져 본다.

즉결처분

벌써 십여 년 전 일이다. 순창에서 담양으로 넘어가는 한적한 길가에 현수막이 걸려 있었다.

'한국전쟁전후 피학살자 집단매장지역', 그리고 그 뒤 '한국전쟁 시 민간인 학살자 매몰지역입니다'라는 문구가 적힌 현수막 두 장을 보고 가슴이 덜컥 하고 내려앉았다. 그 길은 예전에 남광주역을 찍으러 다니며 일 년간 새벽에 거의 매일 지나가던 길이었다. 전라북도와 전라남도 경계선에 있어 그곳을 지나면 담양의 메타세쿼이아 가로수가 근사하게 줄지어 서 있는 상쾌한 길이었다. 그런데 현수막을 본 뒤로 가슴이 무겁게 내려앉았다. 그곳에서 사진을 찍는데 말라붙은 풀 한 포기, 발길에 채인 돌멩이 하나에도 조심스러웠다. 나는 수소문 끝에 그 유가족 대표인 분을 담양 읍네 작은 다방에서 만났다. 그는 육십대의 초췌한 남자로 진상 규명을 위해서 발이 부르트게 법원과 행정기관을 돌아다닌다며 너덜거리는 서류 봉투를 보여 주었다. 나는 어렸을 때 어른들에게서 집단학살 이야기를

전남 담양. 2008.

들었지만 모두 쉬쉬하고 덮으려 해서 잘 이해할 수 없는 막연한 이야기로 흘러갔던 기억이 있다. 그 후 미 국가기록원의 사진을 담은 책『한국전쟁』을 통해서 한국전쟁의 참상을 보았는데, 대부분 미국 측의 자료라 전쟁의 참화를 볼 순 있으나 동족학살의 내막은 알아챌 수 없었다.

내가 왜 이분을 만나자고 했을까? 그분 얼굴을 보자 그런 겁이 덜컥 났다. 내가 안다고 무슨 일을 도울 수 있겠으며 그럴 능력이 있는 사람도 아니지 않는가. 나는 겨우 다큐멘터리 사진을 찍을 수 있을까 하는 생각으로 그분을 뵙자고 한 것이었다. 그분의 이야기는 '아무 죄 없는 동네 사람들이 하루아침에 몰살을 당했다'는 것이었다. 할아버지, 아버지, 큰아버지, 작은아버지, 당숙모, 어린 조카 등이 포함되어 마을 전체가 거의 사라질 정도였다고 했다. 이승만 정권은 좌익 세력 색출이라는 명분하에 극우 체제 완성을 목적으로 전국의 산과 마을에서 백만 명으로 추산되는 민간인을 무참히 학살했다. 이 사건에는 미군도 개입되었는데, 오랫동안 대한민국 정부가 철저히 은폐한 것이었다. 당시엔 재판이란 것이 없었다. 그야말로 속전속결, 즉결처분이 그 시대의 만행이었다. 나는 그이의 이야기를 들을수록 어렸을 때 느꼈던 그 막연한 불안감에 휩싸일 뿐 아무런 생각이 떠오르지 않아 그 길로 돌아왔다.

돌아오는 길에 많은 생각이 앞을 가로막았다. 우리는 사상이나 명분을 핑계 삼아 예나 지금이나 얼마나 불공정한 감정

싸움을 하고 있는가. '즉결처분'의 비극은, 제주도 사삼사건, 여순사건을 비롯해서 전국 각지에서 지금까지 아물지 않는 상처를 주고 있다. 그래서 지금도 남도 지역에서는 마을에서 소리 소문 없이 통곡의 떼제사를 지내 온 곳들이 있다. 아무리 국가의 존망이 눈앞에 있다고 '판단'했더라도 자국민에게 총부리를 겨누는 만행은 지탄받아 마땅하다. 이와 같은 사례를 보면서 우리는 어떤 정치적 이념이건, 도덕적 잣대이건 간에 아직도 이 사회에 '즉결처분'이 자행되는 것은 아닌지 돌아봐야 할 것이다.

담양에서 만난 그이는 비닐하우스 농사를 짓는 생업을 계속하면서 과거사에 대한 진실과 진상 규명을 위해 죽을 때까지 싸워 나가겠다고 했다.

제국의 그늘

내가 구소련에 간 것은 1991년 여름이었다. 관광자유화가 되었지만 개인 방문은 허가되지 않는 국가여서 여행사가 모집한 단체로 입국해야 했다. 소련을 출국해서는 각자 흩어져서 유럽으로 배낭여행을 했다. 구소련은 내가 본 가장 폐쇄적인 국가였다. 숙박은 호텔에서 했는데 호텔에는 관광객들을 위한 거의 모든 상품이 갖추어져 있었고 화폐는 달러만 통용되었다. 현지 서비스 종사자들에게 스타킹을 선물하면 좋아한다는 정보를 듣고 여행 가방에 몇 개 넣어 갔던 기억이 난다. 서구화 바람이 막 불어오던 탓이었던지 그들은 여성용 스타킹을 받고 정말 좋아했다. 그리고 일 달러를 팁으로 주면 상상 이상으로 반가운 얼굴을 했다.(평소에는 대체적으로 무표정했다.) 길거리에는 상점이 거의 없고 어쩌다 눈에 띈 맥도날드 햄버거 가게 앞에는 사람들이 백 미터쯤 줄을 서 있었다. 그런 모습을 보면서 그 막강한 힘을 가진 소련의 진면목이 허망하게 느껴졌다. 누구를 위한 권력인가? 우리는 미국과 소련을 비롯한 열강

일본 교토. 2016.

들로 인해서 세계 유일의 분단국가로 남아 아직도 전쟁의 공포 속에서 살아야 하는데 말이다. 내가 다녀온 그해 말에 소련은 붕괴되고 러시아로 탈바꿈하면서 개방의 물꼬를 트기 시작했다.

터키를 여행한 것은 지금으로부터 삼십오 년 전쯤이다. 그때는 한국 관광객이 별로 안 가던 때라 일본인 친구를 따라서 일본여행사가 만든 패키지여행에 합류했다. 총 이십 명 중에 유일한 한국인인 나는 일본어 의사소통이 어느 정도 가능해서 딱 좋은 분위기였다. 필요한 말만 알아듣고 불필요한 말은 못 알아듣는 척했다.(실제로 못 알아듣는 경우도 있다.) 남 앞에서 예절을 깍듯이 지키는 일본인들에게 나는 외국인이란 핑계로 조금 다른 행동을 해도 서로 웃고 넘어갔다. 그런데 유별나게 자의식이 강해서 대놓고 한국을 무시하는 일본인 남자가 내게 말했다. '조선의 근대화는 일본이 만들어 놓은 것이다. 일본이 그렇게 조선을 개발해 놓지 않았다면 조선은 아직도 멀었을 것이다'라는 요지였다. 참 기도 안 차는 소리였다. '자꾸 조선, 조선 하는데 우리는 지금 조센징이 아니라 한국인이다. 너희 일본의 끊임없는 약탈과 침략이 없었다면 너희보다 훨씬 더 잘사는 나라가 되었을 것이다. 원래 그랬으니까'라는 논조로 받아쳤다. 그러고도 분이 안 풀렸다.

터키는 가는 곳마다 놀라운 문화유산을 지니고 있었는데 잘 관리하지 못해서 파괴되고 사라지는 것 같아 안타까웠다. 안

내원은 서툰 일어로 한때 화려했던 오스만투르크제국과 그 밖의 문화유적들을 일본인 관광객들에게 설명하려고 애를 썼다. 나는 왠지 웃음이 나왔다. 그들의 역사는 관광객들에게 몇 푼어치의 서비스료를 받고 설명하기에는 너무 진중하고 가치있는 것들이었기에 말이다.

호텔 아침 식사는 뷔페였는데 맛있는 것들이 많이 나왔다. 특히 당시에는 한국에서 먹어 보지 못한 말린 무화과나 말린 서양자두 등이 입맛을 당겼다. 나는 냅킨을 펴고 그것을 주워 담았다. 사람들의 시선이 나에게 쏠렸다. 일본인 중 바른말을 잘하는 여자가 나서서 말했다. "담아 가면 안 돼요." 마치 한국인인 너는 그것도 모르냐는 식이었다. "나도 알아요. 그런데 저 사람들은 내가 일본 사람인 줄 알걸요." 나는 유쾌하게 웃으며 음식을 싸 들고 나왔다. 그들도 따라서 웃었지만 씁쓸했을 것이다. 뒤끝 작렬인 한국 여자에게.

무심한 것에 대하여

어느 날 전북대학교 뒤쪽을 지나다가 작은 국숫집을 보게 되었다. 그 국숫집은 예전부터 있었고 지나갈 때마다 호기심을 자극했다. 작은 구멍가게 주인은 어떻게 생겼으며 그 맛은 어떨까 하는 궁금증이 일면서도 지나치고 나면 잊어버리기 일쑤였다. 그날도 다른 일을 보러 갔다 오는 길에 그 국숫집 앞에 흰색과 붉은색 접시꽃이 힘차게 피어 있는 것이 눈에 띄어 못내 발길을 멈추게 되었다. 식사 때도 아니어서 선뜻 들어서기도 뭐하고 애꿎은 접시꽃만 찍고 있는데 검은 고양이 한 마리가 슬금슬금 접시꽃 쪽으로 다가왔다. 그놈은 내 눈치를 보더니 가까이 있는 밥그릇에 다가가 제 밥을 먹었다. 그러면서도 신경이 쓰이는지 나를 힐끔거리며 쳐다보았다. 나는 다가가지는 않고 그놈과 접시꽃의 조화에 이끌려서 휴대폰으로 사진을 찍었다. 조금 있으니 노란 얼룩을 지닌 고양이 한 마리가 또 나타났다. '뭔 일인겨?' 하는 눈치다. 두 놈 다 살이 적당히 찌고 그저 지낼 만한가 보다.

전북 전주. 2018.

가게 안을 몇 번 기웃거려 보아도 안에서는 인기척이 없었다. 큰마음을 먹고 국숫집 안으로 들어갔다. 다섯시경이라 그런지 손님은 없는데 실내는 생각보다 넓었다. 주인에게 멋쩍게 인사를 건네고 할 말이 없어서 "접시꽃이 예뻐서 지나다가 들렀어요" 했더니 주인은 웬 실없는 사람인가 하는 눈빛이다. "그게 매년 씨가 떨어져서 저절로 나요." "고양이를 두 마리 키우시나 봐요." "아니, 길고양이들이에요." "…." 더 이상 말문이 막혀 우두커니 서 있는데, 딱해 보였던지 주인은 무심하게 말을 이었다. "매일 밥그릇에 고양이밥을 놓아 두면 그렇게 와서 먹고 가데요." 나는 비로소 가게를 찬찬히 둘러보았다. 이 가게에서는 무엇이 맛있는지 묻자 순대볶음, 멸치국수, 된장돼지구이가 인기가 있다고 했다. 나는 '자영업자' 작업을 위해서 인터뷰 허락을 받고 사진도 찍고 나왔다.

"다음에 잊지 않고 꼭 들르겠습니다." 이것은 주인에게보다 나한테 하는 약속이었다. 사진관 일을 도와주는 젊은 친구에게 국숫집 영상과 사진을 보여 줬더니 한마디했다. "저 이 가게 알아요. 전에 자주 갔었어요. 이분 되게 무심해요. 늘 말도 없이 음식만 갖다주시거든요. 근데 맛있고 싸요."

전북 임실. 2013.

전설적인 장사꾼들

재래시장이 사라지고 있다. 그나마 남아 있는 장터는 작은 가게 형식으로 건물 안에 모여 있기 마련이다. 요즘 젊은 사람들은 재래시장의 단점들을 지적한다. 원산지표시나 가격표시 등이 불분명할뿐더러 반품이 어렵고 불친절하다는 것이다. 옛날의 시장에서는 그 근방의 농부들이 농사를 짓고 가축을 길러서 내온 물건들이었기 때문에 원산지표시가 굳이 필요 없었다. 가격도 그날 장시세를 봐 가며 팔았고 한 번 산 물건을 반품하는 일도 별로 없었다. 불친절하기로 말하자면 서로 한두 번 본 것도 아닌데 말을 해야 그 정을 알고 말고 할 것도 없었다. 그러나 이제는 세상이 달라졌다. 거의 모든 물건이 외국에서 만들어져 들어오고 심지어 김치까지도 외국 것이 판을 치고 있는 세상이다. 그리고 '혼밥족'이 늘어서 소량 구입이 당연한 현실이고 맘에 안 들면 얼마든지 반품을 한다. 또한 상인의 눈치를 보면서 물건을 살 사람은 없다. 시장의 형태는 무너지고 정부의 보조 아래 상가 형식으로 변하고 있으며 그 지역 특

산품이라고 할 만한 것도 딱히 없다. 시장이 급격히 몰락하는 이유다.

그래도 나는 흔적도 없이 사라지고 있는 장터에서 몇몇 전설적인 장사꾼들을 기억하고 있다. '삼산옥'의 할머니는 여든이 넘었는데 열아홉에 시집와서부터 그 가게를 운영하고 있었다. 삼산옥은 삐걱거리는 유리문을 밀고 들어서면 작은 타일이 박힌 손님용 테이블이 있고 등받이 없는 나무의자가 서너 개 놓여 있다. 그 안쪽으로는 연탄 난로가 있어 수시로 김치전, 고구마전, 호박전 등을 부쳐 놓는다. 지나가던 손님이 들러서 막걸리 한 잔에 공짜 안주로 전 한 조각을 먹고 입을 닦고 간다. 할머니는 돼지고기를 냉동하지 않고 생고기로 한두 근씩 떼어 파는데 할머니 손이 저울이었다. 손님이 원하는 대로 단번에 살코기를 떼어서 저울에 달면 정확했다. 젊은 시절 장이 서는 날은 길 건너 양조장에서 막걸리를 사다 파느라고 어깨가 빠질 지경이었단다. 이제는 몸이 아파서 문을 닫는 날이 많다.

'전주집' 할머니는 딸들과 칼국수, 비빔밥 등을 파는데 양이 많고 재료가 신선해서 주변에서 인기가 많다. 내가 늘 양을 적게 달라고 말하면 할머니는 서운한 얼굴을 한다. "나는 손님이 배부르게 먹고 가는 것이 제일 좋아라—." 때로는 주변에서 일하는 미화원 아주머니, 아저씨를 불러서 칼국수를 배불리 먹고 가게 한다. 한참을 안 보이시더니 오랜만에 주방에 서서 일을 하셨다. 넘어져 다리가 다쳐 고생했다고 한다. "그래도 이렇게 나와서 일하는 것이 참 좋아라—."

'행운집' 할머니는 국수 삶을 때 저리 좋은가 보다. 내가 옆에서 지켜보고 있으면 물에 씻던 국숫가락 몇 올을 손가락에 감아서 입에 넣어 주었다. "맛나제라. 이것이 젤로 맛있어." 나도 안다. 어릴 적에 우리 할머니가 바로 이렇게 국수 몇 가락을 입에 넣어 주었던 그 맛을 어디에 비하겠는가. 행운집 할머니는 내가 국수를 먹고 나서 남이 주문한 팥칼국수(직접 농사지은 팥으로 만든)를 쳐다보며 맛있겠다고 하자 손님을 떠 주고 한 국자 남겨서 먹어 보라고 주었다. 이이는 요즘 가끔 찾아가도 별로 반가워하는 내색을 않는다. 표정 없이 한 번 쳐다볼 뿐이다. 사라지는 풍물과 인심을 돈으로 살 수는 없다. 그 시간 그 장소에서만 가능했던 것들이다.

전북 전주. 2018.

석 대의 선풍기

절대로 물릴 것 같지 않던 사랑도 몇 개월 혹은 몇 년이 지나면 다 허망한 일상사가 되기 십상이다. 깊은 슬픔도 세월과 함께 시나브로 굳어지고 무뎌지면서 한 세월을 보낸다. 그래도 그 당시에는 절대 변할 것 같지 않아 몸이 달고, 견디기 어려워 끝없이 지치게 마련이다. 지난여름의 더위는 상상 이상이었다. 유월부터 기온은 상승 곡선을 이어가고 매일 '올 들어 처음 있는 더위'라는 뉴스 제목으로 폭염은 등재되곤 했다. 칠팔월의 악 소리 나는 더위 속에서 '이 또한 다 지나가리' 하면서 여름을 났다. 그나마 에어컨이 있으니 모두가 다 더워 죽는다는 소리는 아닐 것이나 서민들의 살림살이라는 것이 덥다고 에어컨을 마음대로 켜 두는 집이 얼마나 되겠는가.

더구나 더위의 절정에 있는 팔월 초, 계남정미소에서 「도마」전을 오픈했다. 그곳은 에어컨 설치가 안 되어 있는데, 겨우 일 년에 한두 번 하는 전시를 위해서 마련한다는 것은 어려운 일이었다. 전시를 기획할 때만 해도 이렇게 더울 것이라고는 상상을 못 했었다. 팔월 삼일 오픈을 앞두고 에어컨 때문에 나는 잠을 이루지 못했다. 안 그래도 더운데 사람이 모이면 더 더울 것이고 더구나 먼 데서 찾아오는 손님들이 대부분이라 미안함은 이루 말할 수 없었다. 그 부담감에 심지어는 내가 너무 극성을 부려 가며 일을 추진하는가 싶어 죄책감이 일기도 했다.

정미소에 선풍기는 석 대가 있었는데 갑자기 한 대가 고장이 나는 바람에 두 대가 되었다. 사정을 들은 친지가 오픈날 한 대를 가지고 왔다. 전시실은 값싼 조명 탓에 더욱 후끈거렸다. 일 년 만에 다시 문을 여는데도, 이 더위에 찾아온 손님들이 사오십 명이 되었다. 단 석 대의 선풍기가 있는 힘을 다해서 바람을 이루는 가운데 참여 작가와 손님 들은 차분한 분위기 속에서 더위를 즐겨 주셨다. 다행히 진안 쪽은 기온이 전주에 비해서 이삼 도 차이가 난다. 그래서 겨울은 혹독히 추워 수도관이 다 터지고 냉장고 기온이 바깥보다 높아서 기능을 멈추는 일도 있다. 그 덕에 숨이 막히는 더위는 피할 수 있었는지 모르겠다.

그 전시도 무난히 마치고 여름은 지나갔다. 시월에 들어서니 날씨가 몰라보게 서늘해졌다. 예년보다 추위가 빨리 올 모양이다. 지난여름 그 혹독했던 더위를 잊기도 전에 어느새 날이 변해 버린 것이다. 아침에 베란다에 나가니 선풍기 석 대가 쫓겨나 있듯 아무렇게 놓여 있는 것을 보고 지난여름의 더위를 떠올렸다. 작고 초라한 힘으로 그 여름을 막아냈을 노고가 새삼 고맙고 측은했다.

전북 진안. 2017.

계남정미소의 존재 이유

계남정미소에서 「심심파적(心心破寂)」 전시 오프닝을 하는 날이었다. 진안에 있는 김춘희 전 문화의집 국장과 박선자 소설가가 그림을 시작하여 함께한 전시다. 지금까지의 전시가 한 지역사회와 역사적 맥락에서 기획되었다면 이번에는 순수하게 지역 문화인들의 흥취를 고조시키고 즐기자는 취지였다. 갑작스런 기획하에 이루어졌지만 두 작가는 오래전부터 준비한 것이고, 인맥이 많아 내가 모르는 여러 분들이 참여했다. 이들 중에는 계남정미소에 처음 온 분들도 있어 이곳이 어떤 곳인지, 누가 운영하는지, 어떻게 운영되고 있는지 모르는 사람이 많아 나는 잠시 겉돌고 있었다.

그러다 진안교육청에서 근무하는 최 선생이 왔기에 그동안 계남정미소에서 발행했던, 용담댐으로 수몰된 예순여덟 개 마을을 수록한 책 『용담 위로 나는 새』와 진안군의 열한 개 초등학교 졸업사진을 모은 책 『진안골 졸업사진첩』을 주고 내용을 설명하고 있었다. 그런데 이웃 연장리가 고향으로, 아버지가 정미소를 했는데 정미소가 이런 기능으로 바뀔지는 상상도 못 했다고 말하던 한 중년 여성이 『진안골 졸업사진첩』을 펼쳐 보더니 갑자기 '아!' 하는 감탄사를 터트렸다. 그이는 한 졸업사진에서 맨 앞자리에 앉은 애틋한 처녀를 가리키며 유치원 보모로 잠시 근무하던 때의 자기 모습이라고 말하는 것이 아닌가. 주위에 있던 우리 모두는 깜짝 놀랐다. 삼십 년 전의 기록을 우연한 장소에서 찾게 된 것이다. 이제는 학교가 물속에 잠겨서 흔적도 없고 앨범이나 교지는 흩어져서 찾기 어렵게 되었다.

마침 전주 모 방송국에서 취재를 왔다. 리포터는 계남정미소의 이력과 앞으로의 계획을 말해 달라고 했다. 나는 그동안 수백 번도 더 읊은 내력은 더 이상 말하기도 싫었고 또 한두 마디로 정리할 수도 없었다. 그리고 앞으로의 계획이라는 것도 없었다. 혼자서 운영하다 보니 내년에 다시 문을 연다는 희망이 없는 상태다. 그동안 계남정미소의 전시는 오랜 준비와 노고를 통해서 단단한 기획을 해 왔기에 그나마 지속할 수가 있었다. 그러나 지금은 휴관 중이라 단시일에 쉽게 기획하기도 어렵고 또 문을 연다 해도 매일 그곳을 지킬 인력도 없다. 사정이 이와 같아서 마음속으로 포기를 하고 있노라면 전국 여기저기서 연락이 온다. "계남정미소 문 언제 여세요?" 이것은 누군가의 마음속에 계남정미소의 존재가 여전히 살아 있다는 것이 아니겠는가.

오늘도 우연히 계남정미소에 들렀던 한 여인의 젊은 시절 기억을 찾게 하는 것을 보면서, 사람들이 낮게 탄성을 냈다. 그것이야말로 지자체에서는 작고 시시해서 늘 무시당하는 공간이지만 스스로 끈을 놓지 않으려고 애쓰는 이유가 아닌지 모르겠다. 그 노력이 언제까지 가능할 것인가. 희망 없는 이야기다. 그러면서 내년에도 계남정미소는 멋진 전시로 문을 열지 않을까 기대한다. 스스로에게.

'자영업자' 연작. 전북 전주. 2018.

사채업자의 등장

정미소니 이발소니 근대화상회니 사진관이니 하는 것들과 연관이 되는 작업을 해 오다 보니 어떤 때는 마치 내가 근대(近代)의 아이콘이 되어 버린 듯싶기도 한다. 그러나 나는 그러한 것들과 남다른 인연이 있는 사람도 아니고 특별히 애착을 갖고 있지도 않다. 그들의 역할이 특별히 중요하다고 할 것도 없다. 그저 사람들이 살아오는 데 적당히 필요한 역할을 했을 뿐 지극히 평범한 것들이어서 누가 불러 세우지 않으면 소리 소문도 없이 사라질 존재였다. 마침 내 작업의 눈높이에서 맴돌았고 내가 하고자 했던 사진의 언저리에서 합의 비슷한 것이 이루어져서 만들어졌을 뿐이다. 그러니 이러한 작업들은 내 무의식 속에서라면 모를까 의식 속에서는 커다란 의미가 없다.

내가 이 정도의 의식을 가진 작가이다 보니 연작마다 웃기는 에피소드가 없을 수 없다. 계남정미소를 할 때는 수시로 찹쌀 주문이나 왕겨가 있는지 등의 문의 전화를 받았다. '이발소' 작업 후에는 공휴일에 이발소 문을 여는지 등의 문의 전화를 받았다. 서학동사진관에서 「삼천 원의 식사」 전시를 할 때였다. 신문에 왕대포집인 '죽림집'의 삼천 원짜리 뚝배기라면과 '백여상회'의 이천 원에 맛있는 안주까지 곁들인 막걸리 한 병을 찍은 사진이 실린 것이다. 비가 오는 오후 할아버지 몇 분이 사진관 앞에서 서성이는 것이 보였다. 이 양반들은 분위기가 예상외였는지 얼른 안으로 들어오지 않았다. 우리 아르바이트 학생을 보더니 "막걸리집이 아닌 모양인디", "그러게 말여. 주모도 안 보이구먼" 하고 서로 두런두런하고 있었다. '삼천 원의 식사'라는 사진 전시장이니 들어와서 구경하고 가시라고 했더니 "그놈의 신문이 잘못 난 거구먼!" 하고는 돌아서가 버렸다. 그뿐 아니라 수시로 서학동사진관에 사진 찍으러 오는 손님들도 있다. 사진 전시장이라고 하면 어떤 노인장은 사진도 안 찍으면서 왜 사진관 간판을 달았냐고 호통을 치고 가는 경우도 있다. 딱히 변명할 말이 없다. 계남정미소는 원래 이름이 계남정미소여서 그대로 붙였고 서학동사진관은 서학동에 차린 사진 전시장이라 서학동사진관이라 이름 붙인 것이다. 사람들은 내 삶의 방식이나 성격이나 말투나 작품 제목이나 글이 좀 직선적이라고 말한다. 매사에 에둘러 돌아가는 방식이 서툴러서 불편할 때도 있다. 그러나 직선적인 게 내 삶의 방식이니 별다른 도리가 없다. 에둘러 돌아갈 시간도 없고 길게 생각할 지식이 없는 탓이기도 하다.

지난해 「자영업자」 전시를 하고 책을 펴내고 남들의 반응은 어떤지 궁금했다. 그들의 의견을 듣고도 싶었다. 인스타그램에 책 소개를 구체적으로 하려고 여러 페이지 사진을 올렸다. 처음 보는 전화번호 아이디가 계속 '좋아요'를 눌렀다. 이상하게 생각하고 클릭해 봤더니, '365일 24시간 무료 금융상담. 1:1 카톡 비밀상담(아래 링크 클릭하세요~^^)'이라고 적혀 있었다. 지금 자영업자에게는 급전이 필요하다는 걸 알고 있는 것이다. 그동안 별 문의 전화와 핀잔을 받아 봤지만 이번에는 사채업자까지 등장했다. 당분간 나는 또 영세 자영업자로 인정받으며 지내려나 보다.

'놓다, 보다' 연작. 전북 전주. 2014.

슬픔의 결

가끔 사진관에 외국인이 찾아온다. 흔치 않는 일이라 반갑다. 오늘따라 밥맛이 없어서 밖으로 밥 먹으러 나갈까 하고 '점심 식사 하러 갑니다' 메모지를 현관문에 막 붙이려고 하는데 젊은 외국인 여성이 들어섰다. 그녀에게 입장료를 내야 한다는 설명을 했다. 외국인들 중에 입장료 때문에 그냥 되돌아가는 사람도 있기 때문이었다. 그녀는 선뜻 입장료 이천 원을 냈다. 그래도 혹시 잘못 알고 들어온 게 아닌가 싶어 사진을 좋아하냐고 물었다. 그녀는 그렇다고 하면서 자신을 초보사진가라고도 덧붙였다. 마침 내 작업인 「감자꽃」 전시여서 전시를 하게 된 배경에 대해서 간략하게 이야기를 했다. 그녀는 사진을 찬찬히 들여다보았다. 특히 감자꽃, 개망초, 찔레꽃 사진 앞에서 오래 멈추어 섰다. 그리고 사람들의 이름과 꽃 이름을 일일이 물었다. 장금숙, 김정출, 그리고 장암 할머니를 소개할 때 나는 버벅거렸다. 장암 할머니는 장암이 이름이 아니라 '댁호(시집온 동네 이름)'라서 '홈타운(hometown)' 어쩌고 하면서 설명을 했더니 다행히 알아들었다. 자기 부모님의 시골 동네에서 도 어른들에게는 이름을 안 부르고 고향 이름을 불러 준 것이 기억이 난다고 했다.

그녀는 미국 필라델피아에서 왔다고 했다. 이태리계 아버지와 미국인 어머니 사이에서 태어났단다. 그러고 보니 그녀에게서는 이탈리아 젊은 여성 특유의 섬세한 아름다움이 엿보였다. 그녀는 '이발관' 사진을 보더니 자기 증조부가 미국으로 건너올 때 이발사였다고 했다. 배가 고파 오는데 문을 닫고 나갈 수도 없어서 내가 점심을 시킬 테니 같이 먹겠냐고 물었다. 그녀는 좋다고 해서 가까운 곳에서 볶음우동을 시켰다. 그녀는 내 책을 한 권 사고 싶은데 현금이 없다며 카드 사용이 되냐고 물었다. 형편상 현금만 받는다고 하자 온 가방을 뒤지고 동전까지 세더니 결국 포기를 했다. 점심은 내가 사는 것으로 했다.

그녀는 우동이 불어 터지는데도 계속 이야기를 했다. 특히 '감자꽃' 할머니의 손 이야기를 했다. 오랜 밭일로 손톱이 닳고 깊게 주름진 그 손이 좋다고 했다. 나는 비로소 유심히 그녀의 손을 쳐다보았다. 지금까지는 예쁜 그녀의 얼굴만 보고 있었다. 얼굴이 예뻐서 수다도 들어 줄 만하다고 여겼었다. 그런데 옹이가 박힌 그녀의 손은 짧은 손톱에 매니큐어를 바르고 있었는데 그 벗겨진 틈새로 푸른 멍이 보였다. 그녀는 자기가 어떤 병을 앓고 있는데 벌레가 어떻다고 여러 번 이야기하는 것이었다. 사실 나는 그녀의 이야기를 삼십 프로 정도밖에 이해하지 못한 채 듣고 있었다. 자꾸 벌레를 강조하며 자기 손을 한 번 잡아 보라고 했다. 내미는 손을 잡아 보니 손이 얼음장처럼 차가웠다. 그냥 찬 게 아니라 죽은 이의 손을 잡는 느낌이었다. 그때서야 확실한 병명을 물었다. '라임병(Lyme disease, 진드기가 사람을 무는 과정에서 보렐리아균이 신체에 침범하여 여러 기관에 병을 일으키는 감염질환)'을 앓고 있다고 했다. 여덟 살 때부터 특별한 이유 없이 생긴 병이라고 했다. 그래서 사람의 손에 관심이 있다고 말했다. 그녀는 대학에서 인류학을 전공하고 아시아를 알기 위해서 여행을 한다고 말하면서 눈가에 눈물이 고였다. 이제서야 나는 그녀의 언어를 거의 이해할 수 있다고 느꼈다.

스쳐가는 사람일 뿐인데도 우리는 '사람의 일'에 깊이 마음을 쓰게 되는 경우가 있고 거기에서 자신이 갖고 있던 슬픔의 결을 가늠하게 되기도 하는가 보다.

전북 고창. 2015.

한강의 끝

이 년 만에 외가에 내려온 손자는 얼굴이 수척해지고 야윈 손에는 파란 핏줄이 두드러져 있다. 아이는 명절을 지내러 부모와 함께 왔는데 기가 팍 죽어 있었다. 그 말도 많고 사연도 많은 고3 세월을 두 차례나 겪었는데 서울에 입성을 못 하고 지방대학으로 쫓겨(?) 온 것이다. 그 지독한 대한민국의 고3 세월 동안 하고 싶은 것도 못 하고 외갓집에도 얼굴을 못 비친 시간에 비해서 참으로 억울한 일인 모양이다. 아이보다는 부모가 더 그래 보인다. 사실 요즘 아이들은 아무리 손자라 하더라도 무슨 생각을 하는지 무슨 짓을 하는지 가늠이 안 가는 경우가 허다하다. 하물며 이 년 동안이나 얼굴을 못 본 아이가 어떻게 변한 건지 조심스러웠다. 밤이 늦어 모두가 잠자리에 들고 잠 못 이루는 나와 외손자만 소파에 동그마니 남아 있었다. 나는 아이의 얼굴을 바라보았다. 대학 재수를 했어도 어린 티가 나는 것이 고등학교 저학년처럼 여리고 가냘팠다. 저것이 어떻게 군대를 가며 부모의 높은 기대를 버텨낼 것인지 안쓰러웠다. 공부를 못하는 것이 이상한 일이라고 여기는 부모 밑에서 자라는 일은 쉬운 일이 아니다. 서로가 넘을 수 없는 벽 앞에서 어두운 분위기였다.

"얘야, 너 어렸을 때 있었던 '한강의 끝'을 기억하니?" 내가 뜬금없이 아이에게 질문을 던졌다. "네." 아이는 쉽게 대답을 했다. 나는 깜짝 놀랐다. "정말? 그때 넌 초등학교 들어가기 전이었는데?" "그때 저는 인라인스케이트를 타고 한강의 끝을 보러 갔어요." 나는 감탄을 했다. 나는 이 아이를 생각할 때마다 '한강의 끝 사건을 기억하며 정말 아이가 한강의 끝을 보러 갔을까? 아니면 내 상상일까' 하는 의아심을 갖곤 했었다. 그런데 정말 아이가 한강의 끝을 보러 갔단 말인가?

한강 공원으로 온 가족이 바람을 쐬러 갔는데 주변에서 놀던 아이가 잠깐 사이에 사라지고 없는 것이었다. 온 가족이 사방으로 찾아 나섰고 급기야 사위가 자전거를 빌려 타고 정신없이 찾으러 나섰는데 한강 하류 쪽에서 혼자서 우두커니 서 있는 아이를 발견했다. 그때는 모두들 정신이 나가서 '한강의 끝을 보러 갔다'는 아이의 말을 믿지 않고 나름대로 해석을 하고 말았다.

"그때 정말 한강의 끝을 보려고 간 거니?" 나는 오늘에서야 품었던 질문을 본인에게 하고 있다. "네, 한강의 끝이 어딘지 가 보려고 했는데 가도 가도 보이지 않아서 무서웠어요." "그런데 이모가 네 집에서 일 년 같이 살았던 건 기억하지 못한다며?" "네, 다른 것은 기억이 안 나는데, 그 일은 기억이 나요. 아빠한테 혼난 거랑." 눈이 초롱하게 맑은 아이는 아빠의 직업 덕분(?)에 초등학교 때 한 번, 중학교 때 한 번, 두 번이나 미국에 가서 공부를 한 적이 있다. 아이는 유난히 미국에 들어가기 싫어했었다. 그리고 경쟁력 일번지인 강남으로 돌아와서 아이는 전의를 상실한 것이다. 서울에 그 많은 학교를 두고 지방대학까지 내려가야 하는 책임을 온전히 아이 혼자 떠안고 있었다. 그 학교가 바로 우리 집 근처이기에 그나마 다행이다 싶은 마음이 들었다. 손자도 외갓집이 기숙사에서 건지산을 지나 이삼십 분만 걸어오면 닿을 수 있는 거리라는 것을 마음에 들어 하는 듯했다. 나는 아이의 여윈 손을 잡아 주었다. 이 애가 찾고자 했던 '한강의 끝'은 이제부터 차근차근 찾아가리라 믿는다.

전북 전주. 2018.

나만 모르는 비밀

지난해 봄 서울에 갔더니 갤러리 박 관장이 들뜬 표정으로 이야기했다. 한국의 한영수(1933-1999) 선생과 일본의 이노우에 고지(1919-1993) 사진가의 콜라보전시를 기획하려고 하는데 같이 일본에 가지 않겠느냐는 제안이었다. 나는 선뜻 대답을 하고 왔다. 모처럼의 제안인데 기획도 괜찮고 기분 전환 여행도 좋으려니 하는 생각에서였다. 그러나 나의 처지는 그렇게 쉽게 여행 약속을 하고 올 입장이 아니었다. 남편은 봄부터 대상포진으로 고생을 했다. 표피는 나았으나 복부 통증 때문에 매일 고생이다. 병원에 따라 원인을 각기 다르게 말하지만 대체적으로 대상포진 후에 오는 신경통으로 알고 있다. 평상시에도 마누라 혼자만의 해외여행을 반대하는 데다 남편은 옛날 '도련님' 타입이라 매끼 식사를 챙겨 줘야 한다. 나는 바깥으로 전시기획에 안으로는 남편 일에 몹시 지쳐 있던 터라 며칠이라도 여유를 찾아보고 싶었다.

남편에게 상의를 하면 절대로 그러라는 말이 안 나오기에 친정어머니가 좀 불편하니까 친정에 좀 다녀오겠다고 해 놓고 새벽 일찍 짐을 챙겨 몰래 집을 나섰다. 집에는 서울에 있는 딸에게 잠시 와 보라고 연락을 해 뒀다. 그러고는 '뭐 어떻게 되겠지' 하는 심정으로 후쿠오카에 갔다. 나름 작전을 짠다고 휴대폰 로밍도 안 하고 갔다. 다음 날 남편에게서 전화가 한 번 왔었는데 못 받고 나중에 전화를 했더니 "어디냐"고 물었다. 친정이라고 좀 켕기는 답변을 했다. 그러고 나서 진안 정창엽 할아버지한테서 전화가 두 번 왔다. 그분은 2012년 계남정미소에서 열린「할아버지는 베테랑」전시에 참여하신 분이다. 그런데 왜 그 양반이 전화를 했을까 생각을 하면서 전화를 받지는 않았다.

이렇듯 불안불안한 가운데 여행을 마치고 돌아와서 눈치를 살피니 남편은 몸 상태도 특히 나빠지진 않은 듯하고 별말이 없었다. 다음 날 정창엽 할아버지에게 무슨 일이 생기신 건가 싶어 전화를 했다. "계남정미소를 팔았다는 소문이 있는디 사실인가요?" 할아버지는 다짜고짜 물으셨다. 아마 팔월에 오픈하는「노마」전시 때문에 마령면에 무슨 소문이 돈 모양이었다. 나는 아니라고 답변하고 전시 이야기를 했으나 할아버지는 그 내용은 잘 못 알아들으시고 "계남정미소를 팔면 안 되지라—. 그것이 있어야 선상님이 한 번씩 들르시고 우리도 든든하지라—" 말씀하셔서 나는 가슴이 좀 울컥해졌다. "어제 전화 못 받아서 죄송해요." "아니요, 일본 가신 게라?" "네?" 나는 깜짝 놀랐다. 어떻게 아신 것일까? 내가 일본 간 것은 같이 일하는 두세 사람과 지인 한둘이 아는 정도인데. "핸드폰에 그렇게 뜨드구만이오." 아— 나는 뒤통수를 한 대 맞은 듯했다. 남편의 얼굴이 불현듯 떠올랐다. 진안 시골 할아버지가 알 정도면 이제 대한민국 사람이 다 안다고 봐야 한다. 나는 집에 돌아와서 남편의 얼굴을 살피지 않을 수 없었다.

'놓다, 보다' 연작. 전북 전주. 2014.

우리 며느리

며느리를 맞이하고 이십 년의 세월이 흐르는 동안 나는 할머니가 되고 며느리는 갱년기를 맞이하는 나이가 되었다. 며느리는 돋보기를 안 쓰면 글이 잘 안 보인다고 투덜거리기 시작하고, 흰머리가 눈에 띄게 많아진다고도 한다. 그래도 내 눈에는 아직 청춘으로 보인다. 사람이 한 가족으로 사는데 서로 연이 맞는 것은 큰 복이다. 심지어 친부모와 자식도 합이 맞는 사람과 안 맞아 힘든 경우가 있다.

지난 추석도 하루 전에 아들 내외와 손자, 손녀가 대구에서 내려왔다. 며느리는 직장에 다니고 있어 전날까지 근무를 하고 아침 일찍 서둘러 왔을 텐데 갈비며 동그랑땡 요리를 준비해 왔다. 우리는 큰댁이 아니어서 차례를 지내지 않고, 남편과 아들이 명절 아침 큰댁에 들러 성묘를 다녀오면 우리끼리 모여서 음식을 차려 먹는 정도다. 그래서 아들네는 전날 먼저 오고 딸 둘은 시댁에 들렀다 추석 당일에 온다. 나는 몇 년 전부터 명절이 돌아오면 내가 먼저 일하기 싫어서 도망가 버리고 싶다. 남편에게 "어디 여행이라도 떠나자"고 이야기하면 "그것도 괜찮은 생각"이라고 하면서도 막상 명절이 다가오면 이핑계 저 핑계로 집 떠나기를 싫어했다. 그런데 이제 나이 들어 움직임이 불편한 관계로 우리는 주저앉아서 자식들이 오기만을 기다리는 꼴이 되었다. 몇 년 전까지는 내가 그럭저럭 음식 준비를 했지만 이제 늙으니 그런 일이 귀찮아졌다. 사위들은 본가 사돈들이 얌전하니 잘 먹고 왔을 터이고 아들 며느리 역시 친정에 가서 잘 먹을 것이라는 전제하에 나는 특별한 음식을 하나 정해서 먹는 것으로 한다. 올해는 '스키야키' 요리를 해서 먹었다. 명절 음식은 아니지만 별미로 먹기로 했다. 그리고 간략하게 하는 것이 며느리에게도 편할 것 같다는 생각이기도 했다. 그런데 "우리 아무것도 하지 말고 텔레비전 보고 놀자"고 하면 며느리는 어느새 싱크대 틈새 때를 닦는다든지 화장실 타일을 반짝반짝 닦아 놓는다. 나는 이 고마움을 아껴 두고 싶어서 딸들에게도 말하지 않았다. 아니, 어쩌면 시어머니가 땟국물이 흐르게 사니까 며느리가 보기 안타까워서 닦아 놓는 것일 수도 있다. 어찌 됐든지 간에 며느리가 닦아서 별이 반짝반짝하는 싱크대나 화장실 타일은 한동안은 유지될 것이고 설쯤 되면 또 꾀죄죄해지고 말 것이다. 사람의 심성은 타고 나는가 보다. 내가 가지지 못한 배려와 부지런함을 지닌 며느리가 고맙다.

어머니의 나물

구순을 바라보는 어머니는 혼자 사신다. 아들 둘에 딸이 넷인데 모두들 그럭저럭 밥이나 먹고사는 형편이다. 근처에 사는 며느리들은 둘 다 몸이 아파서 자기들 봄도 건사하기 힘든 데다 어머니도 스스로 혼자 사는 것이 편하다고 여긴다. 그러나 자식들 입장에서 홀로 계시는 어머니 걱정을 안 할 수는 없다. 어머니는 바느질 솜씨가 좋아서, 한복 가게를 열어 우리 가족이 먹고살던 시절이 있었다. 또한 음식 솜씨가 좋은 편이어서 음식을 해서 자식들에게 나눠 주는 것이 낙이셨다. 그러나 어머니는 젊은 시절부터 허리가 아프고 잔병치레를 많이 했다. 노년에 들어서는 다리가 아파서 양쪽 무릎관절 수술을 받았는데 여전히 잘 걷지 못하신다.

정월 대보름을 이삼 일 앞두고 서울에 일도 있고 용인에 계시는 어머니를 보러 친정에 들렀다. 어머니는 내가 온다는 말을 듣고 오만 가지 나물을 불리고 삶고 조물거려 반찬을 만들어 놓았다. 가지와 토란대는 초가을에 사다가 직접 말린 것이

전북 전주. 2018.

었다. 그것을 요리해서 오밀조밀 각각 비닐봉지에 묶어서 싸 놓고 내가 오기만을 기다리고 계셨다. "내가 살면 얼마나 살것냐. 마지막일지도 모릉께 가지고 가거라이." 나는 발을 질질 끌며 그 일을 했을 어머니를 생각하니 짜증이 났다. "뭐하려고 했어요. 서울 들러야 해서 못 들고 가요." 나도 모르게 매정한 말을 하고 있었다. 서울에 가서 여기저기 일을 봐야 하는데 그걸 어떻게 들고 다니겠는가. 어머니는 몹시 안타까워서 어쩔 줄을 몰랐다. "일부러 했는디, 그럼 어쩔까이." 듣고 있던 동생이 딱했던지 그럼 택배로 부치자고 제안했다. 어머니는 안도의 한숨을 쉬었다. 그런데 또 봉지마다 묶어 두었던 말린 나물들을 끄집어내더니 물에 담그는 것이었다. "낼 모래가 보름인디 큰애한테 나물해 가려고 한다." "그걸 또 해요?" 내가 짜증 섞인 음성으로 물었다. "응. 올해만 헐 것인께." "어머니, 작년에도 그런 얘기 하셨잖아요." 동생이 거들었다. 그리고 동생은 나에게 속삭였다. "형한테 가지고 가도 먹을 사람이 없어요. 젊은 애(조카)들은 안 먹는데 저 고생을 하시네요."

발을 겨우 내딛고 배웅하는 어머니를 뒤로하고 친정을 나섰다.

어머니와 나이 차이가 열여덟밖에 나지 않는 늙은 딸은 가슴이 아팠다. 집에 돌아온 다음 날 오전에 동생이 우체국에 가서 부친 나물이 정갈하게 쓴 어머니의 글씨로 '고사리, 가지, 토란대, 무나물, 찰밥, 씨레기'라는 이름표를 달고 담겨 왔다.

일제강점기 때 초등학교를 간신히 마친 어머니는 매일 새벽에 일어나서 십 년 넘게 성경을 필사한 덕에 글씨가 몰라보게 예뻐져 있었다.

작달비

재작년 겨울에 추위를 피해서 광주 아들네 집에 갔다 온다던 장계 할머니가 봄에는 돌아왔을 것 같았다. 시간이 없어서 들르지 못 하다가 더위가 기승을 부리는 날 찾아갔다. 할머니 집에 들어서자마자 작달비가 쏟아지기 시작했다. 할머니는 마당에 널어놓았던 고추며 빨래를 걷어 들이느라고 비에 흠뻑 젖어 있었다. 장수 장계에서 열여덟 살에 시집왔다는 장계 할머니는 아흔두 살이었다. 작년 늦은 가을에 '낡은 방' 연작 사진을 찍으러 왔을 때 할머니는 흰머리에 파마를 하고 있었다. 다음 달부터 도시에 있는 아들네로 '겨울나기'를 하러 간다며 옷가지를 정리하고 있었다. 나이에 비해서 정정한 편이지만 구순이 넘었으니 추운 지방에서 홀로 지내는 것보다 자식들 곁에 있는 것이 즐거운 마음일 것이다. 그래서 이 사람 저 사람에게 아들네 자랑을 하며 들떠 있었다.

할머니는 안방에서 젖은 옷을 갈아입고 나왔다. 이제 보니 머리를 새까맣게 염색했는데, 얼굴은 주름이 더 깊어졌다. "어

전북 진안. 2014.

서 오셔라. 이 비 오는디." "저를 알아보시겠어요?" "보건소 선상님 아니신가? 새로 오신 게라?" 할머니는 나를 생활관리사로 알고 있었다. 하긴 이 산골 마을에 그런 사람 말고 다른 손님이 찾아올 일이 없을 것이다. "작년에 사진 찍고 간 사진사예요. 생각나세요?" 할머니는 그제야 나를 찬찬히 보더니 고개를 끄덕였다. 빗줄기가 더 세차게 내려서 마루에 걸터앉은 내 발을 적시고 있었다. 마당에는 무성히 자란 콩잎이 비를 맞아서 더욱 푸드득거리는 초록빛을 띠었다. "비 들친께 들어앉으시오." 할머니의 말에 나는 신발을 들고 안으로 들어앉았다. 방 안에는 숫자판이 큰 유선전화기와 구식 텔레비전과 알사탕 통이 놓여 있었다. 그 옆에는 갖은 약 봉지가 상자에 담겨 넘쳐나고 있었다. "겨울에 아드님한테서 잘 지내고 오셨어요?" 할머니는 아무 말 없이 콩잎에 떨어지는 빗소리를 듣고 있는 듯했다. 수돗가에는 할머니가 미처 치우지 못한 비눗갑이 세숫대야와 함께 나뒹굴며 요란하게 장단을 맞추었다. "괜히 갔어라." 할머니는 한참만에야 혼잣말처럼 나직이 말했다. "여그 있으면 보건소에서 선상님들이 찾아오고 아프면 실어 가고 하는디…." 비는 더욱 거세게 내리며 할머니의 한숨 소리를 지워버렸다. "내가 아프다고 해도 아들 며느리가 늙으면 다 그런 것이라고 하고 맙디다." 할머니와 나는 아무 말 없이 빗소리를 듣고 있었다.

작달비는 한나절을 그렇게 퍼붓더니 저녁 무렵 서쪽 하늘이 밝아지며 그쳤다. "할머니, 여기 계시면 맘 편하신가요?" 나는 일어서며 부질없는 인사를 하고 있었다. "여그가 질 편해라. 죽는 날까지 안 떠나고 살라요."

죽 한 그릇

새벽부터 서두른 긴 하루였다. 남편이 아파서 서울에 있는 병원으로 가서 하루 종일 이 검사 저 검사를 받았다. 남편은 대상포진 후유증으로 몇 달을 고생하고 있다. 이 병원 저 병원 다녀도 특별히 나아지는 기미가 없자 서울 큰 병원이면 더 잘 낫게 해 주지 않을까 싶어서 유명 대학병원에 간신히 예약을 해서 찾아간 것이다. 그러나 기대와는 달리 담당 의사의 무성의하고 권위적인 진료 태도와 낡고 불편한 시스템, 북새통을 이루는 많은 환자들 사이에서 이리 치이고 저리 치이다가 안 아픈 사람도 녹초가 될 판에 날은 삼십칠 도를 오르내렸다. 남편은 서울에 온 것을 후회하며 병이 나을 수 없나 보다고 실망했다.

지친 몸으로 고속버스를 타고 전주로 내려와서 택시를 탔더니 기사는 텔레비전 연속방송을 크게 틀어 놓아 귀가 먹먹할 지경이었다. "티비 소리 좀 줄여 주세요." 배포가 작은 나는 차마 끄라는 소리는 못 하고 한 소리 했더니, 기사는 소리를 좀 줄이기는 했으나 몹시 불만스럽게 차를 몰았다. 차를 세워 달

전북 전주. 2018.

라고 했을 때는 '혹시 이 사람이 전에 조폭은 아니었나' 하는 생각이 들 정도로 공포 분위기였다.

그래도 저녁때가 되었으니 어디서 밥을 먹고 들어가야 할 것 같았다. 집에 가서 밥을 할 기력도 없고 남편은 반찬 없는 밥은 먹지도 않을 것이다. 집 가까이에서 전에 한 번 가 본 죽집이 생각나서 찾아갔다. 테이블이 서너 개인 작은 죽집에는 사람들이 다 자리를 차지하고 있었다. 되돌아 나오려고 하니 테이블 하나를 따로 떼어, 앉으라고 자리를 마련해 주었다.

남편과 나는 메뉴를 고르느라 한참을 주저했다. 무엇이고 입맛이 썩 당기는 것이 없었다. 그래도 죽을 두 그릇 시키려고 했더니 눈치를 보고 있던 주인이 한 그릇만 시켜서 나눠드시라고 권했다. 그래도 되냐고 했더니 당연히 그래도 된다고 했다. 한참 후에 전복죽 한 그릇과 정성스레 담은 물김치가 소반에 담겨 나왔다. 그릇 하나를 더 달라고 하기도 전에 작은 그릇에 죽이 반 그릇 정도 더 담겨 나왔다. "두 분이 드시기에 죽을 좀 나수(넉넉히) 쑤었습니다." 남편은 서너 수저만 뜨는 정도여서 죽 한 그릇의 양은 우리에게 적절했는데 여분을 더 가져와서 나는 좀 당황했다. 끝까지 남기지 않고 다 먹으려고 애를 쓰는 나를 보고 "남기셔도 됩니다" 하고 조심스럽게 말했다. 정말 맛있는데 이걸 혼자서 다 먹을 수가 없다고 말하고 결국 조금 남기고 왔다. 내일 아침에 먹을 녹두죽도 한 그릇 포장해 왔다.

참 오랜만에 예기치 않은 곳에서 누군가가 따뜻한 마음으로 쑨 죽 한 그릇을 먹는 일은 세상의 모든 옹졸함과 치사함과 무례함을 잠시 잊게 했다. 정말 지독히 우울한 날에는 이 집에 와서 죽을 좀 쒀 달라고 해서 먹어도 좋겠다.

마로니에공원

늙어 가면서 습관적으로 현재 시점에서 과거를 연상하는 버릇이 생긴다. 화려했건 초라했건 젊음은 한 인생에서 가장 소중한 시기여서 지나고 나면 누구나 그 시절을 잊지 못한다.

이월 말의 쌀쌀한 바람은 한겨울보다 몸을 더 으스스 떨게 한다. 겨울은 아예 각오를 하고 나서는데, 이월 끝자락에는 섣불리 봄을 기대하는 마음이 커서 옷을 좀 가볍게 입는 탓이기도 하다. 나는 이 나이에 서학동사진관 공간 운영금 마련을 위해 문화예술지원금 신청서를 들고 프레젠테이션을 하러 서울에 올라왔다. 한국문화예술위원회는 마로니에공원 안쪽에 자리하고 있다. 그 옆에는 한국방송통신대학교 본부가 있다. 팔십년대에 방송통신대 영어과에 편입해 어렵게 공부를 하면서 학교에 드나들며 시험을 보던 기억이 새롭다. 한시 반에 프레젠테이션이 있어서 점심을 빨리 마치고 공원 벤치에 앉아 햇볕을 쬐고 있었다. 차가운 바람 속에서도 한낮의 햇살이 비치는 공원은 가난하고 늙고 사연 많은 사람들이 잠시 들르기에

서울. 2018.

안성맞춤이었다. 한 늙은 남자가 공원 한구석에 서서 기타를 치면서 노래를 부르는 동안 비둘기는 날아와서 모이를 주워 먹고 있었다.

"꽃잎은 바람결에 떨어져 강물을 따라 흘러가는데
떠나간 그 사람은 지금은 어디쯤 가고 있을까."

한두 명이 지나치다가 잠시 고개를 돌렸다. 그의 노래는 어떤 특징이 있는 것도 아니고 목청이 고운 것도 아닌 평범한 것이었다. 그는 젊은 차림새인 진청바지에 챙 있는 모자를 쓰고 있었다. 난 멀리 앉아 있었기에 그의 노래는 희미한 가락으로 전해져 왔다.

조금 있자 낮술에 취한 허름한 차림의 남자가 가까운 벤치에 와서 앉았다. 그는 고래고래 소리를 지르기 시작했다. "나는 오팔년 개띤디… 자식들이 날 싫어해." 그의 목소리는 공허한 울림으로 퍼졌지만 아무도 그에게 주목하는 사람은 없었다. "내 고향이 전라도 여순디… 이제 돌아갈 수도 없어. 나는 어디로 가야 해—."

한 젊은 여자가 내게 다가오더니 전단지 한 장을 우울한 얼굴로 내밀었다. 나는 그 우울한 얼굴을 바라보며 전단지를 받았다. 전단지에는 '강제 개종을 강요한 사이비 종교인이 제 친구를 죽였습니다'라고 씌어져 있었다.

그리고 한참을 더 앉아 있는데 한 할아버지가 태극기 다발을 들고 와서 쑥 내밀었다. 내가 단호한 얼굴로 "싫어요"라고 말했더니 그는 아무 일도 없었던 것처럼 사라져 갔다.

"그렇게 쉽사리 떠날 줄은 떠날 줄 몰랐는데
한마디 말없이 말도 없이 보내긴 싫었는데
그 사람은 그 사람은 어디쯤 가고 있을까."

늙은 남자는 같은 노래를 계속 부르고 있었다. 젊은 시절 자주 왔던 마로니에공원의 풍경은 이제 낯설고 외로운 사람들의 모습으로 다가왔다. 나는 발표할 시간이 되어서 자리를 털고 일어섰다. 이제는 이 짓도 하기 어렵겠다는 생각을 해 본다.

손 없는 날

지금은 노골적으로 귀신을 믿는 사람은 별로 많지 않다. 그래도 '철학관'이 꾸준히 지속되고 있는 것을 보면 사람들이 전혀 믿지 않는다고 볼 수도 없다. 아니, 결혼이나 이사 일자를 정하는 데 길일(吉日) 즉 '손 없는 날'을 굳이 고집하는 사람들이 적잖은 세상이다. 기왕이면 길일을 선택하는 게 나쁠 것은 없다. 그런데 길일이란 무엇인가? 잡귀가 없는 날이란다. 세상에 이렇게 인공지능이 발달했고 컴퓨터로 못 하는 일이 없는 세상에서 '악귀' 따위를 무서워하는 게 말이 되는가. 특정 종교를 가지고 있지 않은 나는 누가 물어 올 때 쉽게 무신론자라고 말한다. 그러나 내가 정말 무신론자인지는 알 수 없다. 인간이 알 수 없는 '보이지 않는 세계'의 신비함까지를 전부 무시하지는 못한다. 세상을 살아가는 데 '인간이 아는 것' '인간이 할 수 있는 것'이 너무나 적다는 걸 인정하기 때문이다. 그러면 종교를 가진 사람들은 그게 바로 하느님이라는 절대자(혹은 각자가 믿는 어떤 존재)라고 주장할 것이고, 길일을 택하는 사람들은

전북 진안. 2015.

잡귀의 해악을 인정하는 것이라고 할 것이다.

아무튼 그래서 소위 길일에는 결혼식장에 예약이 넘쳐나고 이삿짐센터에서는 수요가 많아서 웃돈을 받기도 한다. 단지 작위적이라고 하기에는 설명할 수 없는 점들이 있었다. 그러나 설령 잡귀가 있다고 쳐도, 요즘같이 복잡한 세상에 지피에스(GPS) 만큼도 기능을 못 할 것 같았다.

십여 년 전 여러 산을 오르락내리락하며 혼자서 묘지를 찍으러 다닌 적이 있었다. 개인묘지, 공동묘지, 심지어는 갓 이장한 무덤을 찾아다니며 사진을 찍었다. 가끔 공동묘지에서 바스락대는 소리가 나면 심장이 쿵 내려앉았다. 귀신이 무서운 것이 아니라 인적이 없는 곳에서 나쁜 사람을 만날까 싶어서였다. 「뫼동」(묘지) 전시를 하는 동안 일이 많이 꼬인다는 느낌을 받았지만 '참 희한하네' 했을 뿐 두렵지는 않았다. 그것이 귀신의 어필이었다면 차라리 귀여운 정도였다.

나는 아들딸을 결혼시킬 때도 수차례 이사를 갈 때도 길일을 따로 받지 않았다. 결혼은 양가의 의사가 존중되어야 하니 우선 본인들이 좋고 사돈댁에서도 좋다고 하는 날에 맞춰서 치렀다. 이사는 우리 의사를 충분히 반영할 수 있으니 가족과 상의해서 편한 날로 해 왔다. 그런데도 아무 일이 없었다는 것을 말하려는 것이 아니다. 그런 일에 신경을 쓸 겨를이 없었다. 잡귀들이 저를 무시하고 겁먹지 않는 곳에 달라붙겠는가. 어느 날은 빈집 촬영을 하고 다니다가 멀쩡한 상태의 제기(祭器)

한 벌을 누가 버리고 갔기에 그것을 차에 싣고 와서 미술 하는 지인에게 가져다주었다. 이것에다 그림을 그려도 재밌겠다고 했더니 기겁을 하며 도로 가져다 놓으라고 했다. 그런 귀신이 달라붙은 물건을 가져오면 어떻게 하느냐고 질겁했다. 나는 그제서야 어쩌면 귀신이 달라붙어 있을 수도 있겠다고 웃으며 제자리에 갖다 놓았다. 내가 미술가라면 설치 작업 같은 것이라도 한번 해 볼 텐데 말이다.

산모퉁이 어느 동굴 안에 아직도 정화수를 떠 놓고 비손을 하는 늙은 어머니의 마음을 엿볼 수 있는 풍경을 마주했다. 때로는 사람의 염원이 신을 부른다.

밥상

사람들은 얼마쯤 살아야 괜찮다고 할까. 무조건 오래 산다고 좋은 것일까. 상식적이고 건강하게 오래 사는 일이 좋은 일일 것 같다. 그러나 어디 사람 일이 제 뜻대로 이루어지던가. 얼마 전 일본 텔레비전 방송에서 마당을 뒤뚱뒤뚱 걷다가 넘어지려는 세 살배기 고손자를 붙잡으려고 달려가는 백네 살 드신 할머니를 보고 진행자가 소리쳤다. "아, 달려간다. 달려간다." 세 살 아이가 달려가는 것이 신기한 것이 아니라 백네 살 할머니가 달려가는 것이 신기한 것이다. "아, 귀여우신데요!" 이들은 호들갑스럽게 떠들고 있었다. 아닌 게 아니라 나도 신기하고 대단해 보이기는 했지만 인간의 수명이 오락거리가 되는 것이 내심 불편했다. 나는 '청춘'을 바라볼 때 소중하고 아름다워 보이기는 하지만 부러운 적은 없었다. 내 청춘을 아쉬움 없이 보내서가 아니다. 오히려 상처와 좌절과 패배의 연속이었다. 그러나 그것으로 충분하다. 나에게 주어진 기회는 단 한 번뿐이었고 오히려 긴 시간의 강물을 건너온 스스로에게 연민을 갖

전북 진안. 2010.

는다.

'낡은 방' 연작을 찍기 위해서 이 마을 저 마을을 돌아다니다가 오래된 작은 집에 들어섰다. 대문은 열려 있고 재래식 부엌에서 인기척이 들렸다. 인사말을 건네며 부엌을 들여다보니 할아버지가 콩을 삶기 위해서 가마솥에 불을 때고 있었다. 부엌은 매운 연기로 가득했다. "무얼 하세요?" 할아버지에게 말을 걸었다. "메주 담그려고 콩 삶구만요." "메주를 담가요? 할아버지가요?" 나는 놀라서 되물었다. 칠십대 후반쯤으로 보이는 할아버지는 누추한 차림새에 몸놀림도 느릿느릿 둔했다. "야—. 혼자 살아도 된장은 먹고 살아야지라—." "아—." 내게서는 감탄사라기보다 무거운 신음 소리가 나왔다. 나도 한 번 담가 보지 않은 메주를 몸도 불편해 보이는 할아버지가 만드느라 애를 쓰고 있었다. 몇 년 전에 할머니가 돌아가셨다고 했다. 마당 빨랫줄에는 두 마리씩 끈에 묶인 명태 코다리 여러 묶음이 걸쳐져 있었다. 좀 추운 날이었다. 유난히 파란 하늘을 향해 대가리를 들고 빨랫줄에 묶여서 열 지어 있었다. 텅 빈 마당에서 그 모습은 마치 살아왔던 날들을 향하여 고함을 지르는 것처럼 보였다.

하루는 전시를 마치고 다시 할아버지를 찾아갔다. 할아버지는 더욱 쇠약해지고 눈빛마저 흐려져 있었다. 이번에는 내 인사에 대꾸도 없었다. 말을 알아듣는지 못 알아듣는지 아무런 표정이 없었다. 내가 귀찮게 해드리는 것 같아 돌아서는데 할아버지가 부엌에서 힘겹게 밥상을 들고 나와 마루에 놓았다. 밥상에는 언제 했는지 모를 겉이 말라붙은 밥 한 그릇과 찌그러진 냄비 하나와 김치 그릇이 때에 전 행주와 함께 놓여 있었다.

터널

내 삶의 터널은 길고도 지루했다. 나는 유난히 그걸 빨리 알아채고 벗어나기 위해 발버둥치는 유형이다. 조금치의 간섭이나 제약도 못 견뎌 하는 편이다. 옷도 목을 감싸거나 꼭 끼는 옷을 못 입는다. 누군가 독재자처럼 군림하는 사람이 있으면 그 사람과 꼭 부딪치고야 만다. 그렇게 대처하지 않아도 될 것을 알면서도 말이다.

칠팔십년대 서울은 수시로 데모가 일어나 최루탄이 여기저기서 터지는 일이 많았다. 광화문 사무실에서 제일 먼저 재채기를 하는 사람은 나였다. 내가 재채기를 시작하면 또 먼 데서 데모가 시작되는가 보다고 사람들이 이야기했다. 다른 사람들은 한참 후 데모대가 가까워지고 최루탄 가스가 가까이서 터지고 나서야 눈물, 콧물을 흘리며 재채기를 했다. 조금 무디게 넘어가도 될 일까지 일일이 예민하니 학교생활, 직장생활을 잘 견뎌내기 어려웠다. 그러기에 많은 세월이 벗어나고 싶은 터널의 시기에 속했다. 심지어는 결혼생활도 터널에 속했다.

전북 전주. 2016.

터널은 산을 넘어가기 힘들어서, 혹은 바다를 건너기 어려워서 더 빨리 수월하게 목적지에 도달하기 위해서 만든 수단이다. 내가 경험한 터널들이 무엇을 위해 더 빨리 가기 위한 수단이었는지는 알 수 없다. 그 터널들은 늘 어둡고 습하고 음침했다. 그것을 빨리 벗어나는 것이 나의 소망이었다. 벗어나기만 하면 푸른 강물이 흐르고 넓은 평야가 펼쳐지고 복숭아꽃 피는 마을이 나올 것만 같았다. 그러나 삶은 터널을 벗어났다고 여기기도 전에 또 다른 터널이 앞에 이어지는 것이었다. 언제 이 터널의 끝이 보일까. 나는 늘 터널 속에서 불안한 현실을 탓하고 있었다. 그리고 이제 많은 나이를 먹었다.

눈보라가 마구 치는 어느 밤에 차를 타고 집으로 오고 있었다. 와이퍼가 숨 가쁘게 움직이고 있어도 앞이 잘 보이지 않았다. 세상이 어둡고 절망적이었다. 그렇게 절망적인 순간을 한참 지나고 나서 어느 평온한 대기 속으로 갑자기 들어온 나는 안도의 한숨을 내쉬었다. 비로소 앞이 훤히 보이고 숨차 보이던 눈보라는 사라지고 없었다. 이곳은 어디일까? 이 편안한 공간을 둘러보고는 깜짝 놀라고 말았다. 그곳이 바로 터널 안이었으니 말이다. 고통인 줄만 알았던 터널의 시간조차 구원의 공간일 수 있음을 깨닫게 되는 시간이 이제야 내게도 찾아온 것이다.

전북 전주. 2017.

꽃반지

전주의 서학동이나 흑석동은 작은 단독주택들이 처마를 맞대고 서로 엉켜서 살아가고 있다. 그러니 옆집의 생선 굽는 냄새도 예고 없이 코 앞으로 훅훅 달려드는 경우가 다반사다. 열한 시가 되면 혼자 사는 앞집 할아버지가 자전거를 타고 남부시장으로 바람 쐬러 갔다가 돌아와서 사진관을 꼭 확인하고 들어가신다. 오후 세시가 되면 부인이 일하는 잡화점으로 교대하기 위해 철문을 삐걱거리며 나서는 옆집 아저씨의 기척도 들린다. 이런 동네일수록 혼자 남은 분들을 돌아볼 사람이 절실해서 늘 보살피러 들르는 사회복지사 청년을 볼 수 있다.

사람의 품성은 직업과 연관이 있을 때 더 믿음직해 보이는 것 같다. 우리 동네 사회복지사인 김 선생은 그 직업에 딱 어울린다 싶게 심지가 굳고 따뜻한 성품을 가진 사람으로 느껴졌다. 처음 서학동에 들어왔을 때 내가 하는 예술 활동이 주민들에게 무슨 도움이 될까 고민한 적이 있다. 예전에 우리 할아버지는 사람들이 가당찮고 어설프게 여겨지는 일을 할 때면 '비단옷 입고 밤길 가는 짓'이라고 역정을 내셨다. 아닌 게 아니라 마을에는 독거노인과 같은 경제 사정이 어려운 분들이 많은데 이분들에게 우리들이 하는 일은 '비단옷 입고 밤길 가는 짓'이 아닐까 하는 생각이 들기도 한다. 그런데도 김 선생은 어떻게든 주민들과 고리를 이어 보고자 노력했다. 그는 저소득가정에 찾아가서 가족사진을 찍어 주는 사업이라든지, 아이들이 좋아하는 장소를 찾아가서 같이 놀고 사진을 찍어서 연말에 전시를 해 보는 일을 계획한 적이 있다. 그러나 행정 책임자들이 다른 방향을 선택하는 바람에 우리와는 인연을 맺지 못했다. 나는 언젠가 그의 순수한 뜻과 서학동사진관이 함께하는 일을 해 보고 싶었다.

햇볕이 따가워지는 초여름의 어느 날, 김 선생은 어린아이들 대여섯 명을 데리고 서학동예술마을을 구경시켜 주고 싶다며 우리 사진관에 들렀다. 김 선생의 손에는 쓰레기가 담긴 쓰레기봉투가 들려 있고 아이들은 각자 집게를 들고 있었다. 예술마을을 돌면서 쓰레기 줍는 일까지 함께하고 있었다. 그런 아이들을 보고 있자니 미소가 절로 나왔다.

"어쩌자고 너희들은 이렇게 예쁜 일을 하고 다니는 거니."

흐뭇한 마음 한편으로 너무 일찍 철이 들어 버린 것은 아닐까 하는 생각까지 들어 아이들의 머리를 쓰다듬어 주었다. 부모와 함께 와서 여기저기 들쑤시고 다녀도 거칠 것이 없는 요즘 아이들과 달리 수줍고 다소곳했다. 그래도 김 선생의 손을 잡고 왔기에 보는 사람 마음도 편했고 아이들 또한 즐거운 분위기였다. 아이들에게 전시 설명을 해 줬더니 사뭇 진지하게 듣고는 방명록에 그림을 그렸다. 아이의 예쁜 손가락에는 요즘 보기 드문 꽃반지가 끼워져 있었다. 그들이 돌아가는 길에 대문 앞에서 손을 흔들었더니 한 아이가 달려와서 내 손에 사탕 두 알과 초콜릿 과자 하나를 쥐여 주고 달아났다. 나는 골목길에서 참새처럼 재잘거리며 멀어져 가는 아이들의 뒷모습을 한참이나 지켜보았다.

발문

‘부덕이’가 기어이 할아버지 옛집으로 돌아갔듯이

박미경 류가헌 관장

나는 『전라선』 책에 나오는 ‘미경 씨’다. 김지연 선생이 이 글을 청해 오셨을 때, ‘버들치를 송사리로’ 잘못 알았듯이 글 또한 잘못 쓸까 걱정되어 차마 사양했었다. 그런데 책의 제목이 ‘전라선’이라는 말을 듣고, 마음이 이미 전라선 철길에라도 오른 듯 그리로 쏠렸다. 선생의 첫 사진 산문집 『감자꽃』의 애독자로서, 빨리 글을 보고 싶은 마음도 한몫을 했다.

선생과 나는 사진가와 관람객으로 처음 만났다. 내가 순전히 ‘계남정미소’를 직접 보고 싶다는 호기심만으로 차를 달려 전북 진안을 찾아갔을 때, 봄까치꽃처럼 그렇게나 작으면서 그렇게도 활짝 핀 얼굴로 맞아 준 이가 선생이다. 당시 계남정미소에서는 선생이 기획한 「보따리」전(2012)이 전시 중이었다. 이웃 할머니들의 ‘생애 보따리’들 사이에서 선생이 직접 찍은 '남광주' 사진을 최초로 함께 볼 수 있었으니 그야말로 나의 복이었다.

이후로 나와 선생은 입장이 살짝 바뀌어, 선생의 사진전이나 서학동사진관과의 교류전을 '류가헌(流歌軒)'에서 열어 나갔다. 그것도 해마다 전시를 열어 무려 여섯 번이나 지속되었으니, 이름 그대로 '함께 흐르면서 노래한' 세월이다.

「낡은 방」(2012)은 시골 마을 외따롭게 살아가는 촌로들의 방, 방의 사물들과 함께 그들 속 깊숙한 곳에 간직하고 있는 기억을 이야기한 전시였다. 눈에 눈물이 그렁그렁한 채로 전시장을 돌아 나오는 관람객들을 보면서, 선생의 이 나직한 시각언어가 사람들의 가슴에 어떻게 가닿는지를 볼 수 있었다. 이듬해에는, 기억 속에서 사라져 가는 공간인 정미소를 복원해냈던 첫 개인전「정미소」(2002) 이후 두번째 정미소 사진전인「정미소 그리고 10년」(2013)을 열었다. 사진 속 정미소들을 다시 찾아가 옛 모습과 십 년 후의 모습을 나란히 보여 준 전시에는, 정미소뿐 아니라 '정미소 사진가'로 불리는 김지연의 시간이 함께 담겨 있어 의미가 컸다.

우리 삶에서 잊혀지고 소멸돼 가는 것들을 기록해 온 선생이 다시금 그 촘촘함으로 세간을 놀라게 한 전시가「삼천 원의 식사」(2014)였다. 양은그릇에 담긴 국수를 들고 선 행운국숫집 주인 할머니, 면 건조대 앞에 선 백양국숫집 여주인, 국수의 고명으로 쓰는 계란 한 판을 들고 선 노점 주인 등 삼천 원짜리 식사를 만들어내는 사람들을 기록한 사진들은, 선생이 쓴 문장처럼 '삶은 국수 가닥을 찬물이 뚝뚝 떨어지는 손가락에 둘둘 말아서 입에 덥석' 넣어 준 것처럼 삽상하였다.

「웅달 꽃은 짙다」(2015)는 사진가와 전시기획자들이 '관장' 김지연을 위해 마련한 전시였다. 지역의 한 문화공간을 위해 여러 명의 사진가와 기획자들이 마음을 모았다는 점에서 선례가 없던 전시로, 서학동사진관을 통해 개인의 삶이 어떻게 집단의 역사, 시대의 기억과 맞닿는가를 참신한 기획으로 선보여 온 선생에게 보내는 헌사였다. 「놓다, 보다」(2016)는 사라져 가는 것을 기록하는 데 바빴던 작가가 처음으로 자기 내면의 불안과 우울을 드러낸 작업이었다. 언뜻 보면 그동안 고수해 온 다큐멘터리 작업들과 결이 다른 것 같아도, 외연에서 내면으로 옮겨 왔을 뿐 쉬이 눈길을 주지 않았던 것들을 집요하게 찾아 작업으로 엮어냈다는 점에서 '과연 김지연답다'는 평을 들었다.

사진가로서 기획자로서 또한 서학동사진관 관장으로서 쉼 없는 행보를 이어 온 선생이 2017년에는 첫 사진 산문집 『감자꽃』을 출간하고 동명의 전시를 열었다. 일인다역의 틈새마다 글을 써서는, 이십여 년 간 찍어 온 사진들에 하나씩 산문을 덧대어 책을 내고 전시를 연 것이다. 『감자꽃』은 '아무짝에도 쓸모없는 것'의 '이쁘고 고음'을 아는 김지연의 눈과 마음이 엮은 꽃묶음이다.

2019년 올해 선생은, 사진계에서나 선생의 사진 역사로 볼 때나 또 하나의 데뚝한 전시「남광주역」을 앞두고 있다. 함께 출간되는 두번째 사진 산문집이 바로『전라선』이다. 여러 날을 두고 조금씩 아껴 보았으면 좋았을 글을 단숨에 읽고 만 것은, 원고마감 일정 때문만은 아니었다.

『전라선』의 첫 독자로서 짧은 감상을 적는다.

'전라남도 보성군 문덕면 죽산리 1구'.

나는 어린 시절, 이런저런 사정으로 외가에 맡겨져 외조부모의 손에 길러졌다. 이 주소지는 외가가 있던 마을이다. 그나마 지금껏 글을 써서 먹고살 수 있었던 건, 유년을 시골마을, 그것도 남도 땅의 토양과 물성이 같은 외조부모 밑에서 자란 덕이라고 나는 믿고 있다. 외할아버지는 서울에서 외떨어져 내려온 손녀가 혹시라도 집을 잃어버릴까 봐, 이제 갓 말을 배우고 입을 떼기 시작했을 뿐인 아이에게 한사코 주소를 외우게 했다. 나는 사는 동안 내 전화번호나 주민등록번호를 헷갈린 적은 있어도, 이 주소를 틀리게 외운 적이 없다.

그러나, 일상에서 이 주소를 떠올릴 일은 그리 많지 않다. 이 주소는 기억 속에 잠겨 있고, 실제로는 물속에 잠겨 있다. 오래전 주암댐을 세우면서 외가마을이 수몰지구로 물에 잠겼기 때문이다.

어느 해인가 댐 아래 수위가 낮아졌을 때, 여기저기 타지에 흩어져 살던 마을 주민들이 향우회를 그곳에서 한 적이 있다. 작은 배를 타고, 물속에 잠긴 마을을 내려다보았다고 한다. 아! 그 모습은 얼마나 서늘한 꿈속 같았을까. 나는 학교인지 직장인지를 다니느라 가지 못했는데, 두고두고 그때를 놓친 것이 사무친다. 향우회에서 돌아온 어머니는, 외할아버지가 막내삼촌이 태어난 해에 마당에 심은 밤나무가 그대로 있더라고 하셨다. 주춧돌도 집이 있던 자리에 점을 찍고 있었던 모양이다. 그 말을 하는 어머니의 눈에서, 나는 물속의 밤나무를 본 것만 같았다. 주춧돌들, 주춧돌 위에 기둥, 기둥 중턱에 가로 놓인 툇마루…. 한밤중에 자다 깨서 소피를 누러 툇마루로 나가면, 어린 나는 엉덩이 맨살을 드러낸 채 요강에 쪼그려 앉은 불리한 자세로 컴컴한 어둠과 독대해야 했다. 멀리 주먹만 한 별이 박힌 밤하늘과 한패를 이룬 앞산 능선이 어둑시니처럼 무섬증을 일게 했다. 그래서 소피를 찔끔거리기도 전에 울음이 터질 참이면, 등 뒤에 열어 둔 창호지문 문턱 너머에서 누가 먼저랄 것도 없이 외조부모의 목소리가 들려왔다. "악아, 쉬해, 쉬이이이이—."

사진가 김지연 선생의 『전라선』을 읽는 동안, 나는 외조부모의 그 나직하고 따스한 목소리를 다시 듣는 듯했다. 글에 나오는 '보성'이라는 지명이나 "호랭이나 물어 가 부러" 하는 남도 사투리 때문만은 아니다.

사진 산문집 『전라선』은 사진과 글이 힘을 합쳐, 어떤 '기억'

을 소환해낸다. 생각해 보면 사진이야말로 사라져 버린 것들의 잔상이자, 물성이 있는 기억 혹은 육화된 기억이 아닌가. 사진가로만 있기엔 이토록 다정한 그녀가, 결코 소리 내어 말하는 법이 없는 사진의 과묵함에 덧대어 털털하게 때로는 조근조근 어떤 기억들을 들려주는 것이다.

나는 주로 겨울에 사진을 찍으러 다녔다. 치장 없는 풍경, 꽃이 지고 나뭇잎이 떨어지고 나서 그의 소임을 마친 듯한 허허로운 자연의 모습을 대하고 싶었다. 사람을 대상으로 할 때도 봄, 여름, 가을의 들떠 있는 상태보다는 겨울의 침잠 안에서 스스로를 돌아보는 시간을 마주하고 싶었다.
—「지평선」 중에서

선생 스스로 밝힌 사진 찍기처럼, 글쓰기도 치장이 없다. 꾸미지 않았는데도 고갱이 자체의 힘으로 보는 이의 마음을 움직인다는 점에서 『전라선』은 그녀가 찍어 온 사진들과 한 갈래로 닮아 있다.

김지연은 정미소뿐 아니라 이발소, 이 땅의 이장님들, 심지어 묏동조차도 차마 그냥 떠나보낼 수 없었던 사람이다. 그들은 모두 『감자꽃』 발문에서 김영춘 시인이 말한 '근대에서 현대로 이어지는 아프고 심지어는 소중하기까지 한 우리들의 시간'이기 때문이다.

정미소 사진을 찍다 찍다 정미소가 사라져 사진 속에만 있게 한 것이 아니라, 현실 속에서 외려 사진을 품는 문화공간 계남정미소를 열고 계남마을 사람들의 삶과 흔적, 시어머니의 보따리, 도마에 이르는 여러 전시를 담았다. 야멸차게 이별하지 못하고, 소매를 붙잡고 아주 섭섭히 헤어지는 몌별이나 가능한 그인 것이다. 그녀가 전주에 차린 사진갤러리 서학동사진관도 그래서 골목 깊숙한 곳에 자리해 있는지 모른다. 좁고 긴 골목이야말로 헤어지는 이를 오래 배웅하기에 맞춤한 길이니까.

『전라선』에는 그렇게 미처 이별하지 못한 것, 이별했으나 차마 잊지 못하는 것, 언젠가 이별할 생각만 해도 미리 마음이 아려 오는 것들로 그득하다. 그런 것들이 한자리에 담겨 있는 곳이야말로, 하나의 '주소지'다. 글 「부덕이」에서 트럭에 실려 도시로 온 잡종개 부덕이가 삼십 리를 걸어 기어이 시골 할아버지네 옛집으로 돌아갔듯이, 우리가 잊지 않고 기억해야 하는 어떤 주소지가 『전라선』에 있는 것이다.

그곳에서는 지금, 고집 세고 유순한 얼굴의 양촌댁이 수세미 모종을 놓고 가고, 작달비가 쏟아진다. 배롱나무 꽃이 만발했으며 홍싸리 꽃은 주책없이 붉고 탱자는 누렇게 익어 간다.

김지연(金池蓮)은 1948년 전남 광주 출생으로, 사진가이자 전시기획자이다. 남들보다 늦게 사진을 시작해 한국 근대사의 흔적과 과정을 담아 재조명하는 작업을 해 오고 있다. 서울예술전문대학 연극과를 수료하고 한국방송통신대학교 영어영문학과를 졸업했으며, 현재 전북 진안의 공동체박물관 계남정미소 관장 및 전주 서학동사진관 관장으로 있다. 「정미소」(2002), 「나는 이발소에 간다」(2004), 「근대화상회」(2010), 「낡은 방」(2012), 「남광주역, 마지막 풍경」(2019) 등 십여 차례의 개인전을 가졌고, 「계남마을 사람들」(2006), 「전라북도 근대학교 100년사」(2010), 「용담댐, 그리고 10년의 세월」(2010), 「보따리」(2012) 등 많은 전시를 기획했다. 펴낸 책으로 사진집 『정미소와 작은 유산들』(2013), 『삼천 원의 식사』(2014), 『빈방에 서다』(2015) 등 십여 권이 있고, 사진 산문집 『감자꽃』(2017)이 있다.

전라선

김지연 사진 산문

초판1쇄 발행일 2019년 6월 10일
발행인 李起雄 **발행처** 悅話堂
경기도 파주시 광인사길 25 파주출판도시
전화 031-955-7000 팩스 031-955-7010
www.youlhwadang.co.kr yhdp@youlhwadang.co.kr
등록번호 제10-74호 **등록일자** 1971년 7월 2일
편집 이수정 박미 김성호 **디자인** 박소영 오효정
인쇄 제책 (주)상지사피앤비

ISBN 978-89-301-0643-6

Published by Youlhwadang Publishers
Printed in Korea

이 도서의 국립중앙도서관 출판시도서목록(CIP)은
e-CIP 홈페이지(http://www.nl.go.kr/ecip)에서
이용하실 수 있습니다.(CIP제어번호: CIP2019018770)

『전라선』은 사진과 글이 힘을 합쳐, 어떤 '기억'을 소환해낸다. 생각해 보면 사진이야말로 사라져 버린 것들의 잔상이자, 물성이 있는 기억 혹은 육화된 기억이 아닌가. 사진가로만 있기엔 이토록 다정한 그녀가, 결코 소리 내어 말하는 법이 없는 사진의 과묵함에 덧대어 털털하게 때로는 조근조근 어떤 기억들을 들려주는 것이다. 이 책은 그렇게 미처 이별하지 못한 것, 이별했으나 차마 잊지 못하는 것, 언젠가 이별할 생각만 해도 미리 마음이 아려 오는 것들로 그득하다. 그런 것들이 한자리에 담겨 있는 곳이야말로, 하나의 '주소지'다. 글 「부덕이」에서 트럭에 실려 도시로 온 잡종개 부덕이가 삼십 리를 걸어 기어이 시골 할아버지네 옛집으로 돌아갔듯이, 우리가 잊지 않고 기억해야 하는 어떤 주소지가 여기 있는 것이다.
—박미경

값 18,000원

ISBN 978-89-301-0643-6